精进者的人文通识课

U0890102

这就是社会学

[日]堀内进之介 [日]大河原麻衣——著 蔡月——译

SPM
南方出版传媒
广东经济出版社
·广州·

图书在版编目（CIP）数据

这就是社会学 /(日)堀内进之介，(日)大河原麻衣著；蔡月译．—广州：广东经济出版社，2021.6
(精进者的人文通识课)

ISBN 978-7-5454-7728-3

Ⅰ．①这… Ⅱ．①堀…②大…③蔡… Ⅲ．①社会学 Ⅳ．① C91

中国版本图书馆 CIP 数据核字 (2021) 第 058978 号

著作权合同登记号：19–2021–055

特约编辑：钱怡羊
责任编辑：周　炜
责任技编：陆俊帆

这就是社会学
ZHE JIUSHI SHEHUIXUE

出版人	李　鹏
出　版 发　行	广东经济出版社（广州市环市东路水荫路 11 号 11 ～ 12 楼）
经　销	全国新华书店
印　刷	三河市信达兴印刷有限公司 （三河市杨庄镇大窝头村西）
开　本	210 毫米 ×145 毫米　1/32
印　张	8.75
字　数	181 千字
版　次	2021 年 6 月第 1 版
印　次	2021 年 6 月第 1 次
书　号	ISBN 978-7-5454-7728-3
定　价	52.00 元

北京营销中心地址：北京市东城区夕照寺街 14 号富瑞苑大厦 201
电话：(010) 67138865　邮政编码：100061
如发现印装质量问题，影响阅读，请与本社联系
广东经济出版社常年法律顾问：胡志海律师

序言

本书适用于想要学习社会学，从而达到理解社会的读者。笔者从古典社会学到近几年社会学的相关研究中选出了 100 个关键词，并对其逐一概述，充分地把握了社会学这门学科的主要内容，力求使读者能够参透社会学的真正用意。

虽然很啰唆，但若是阅读过此书，就能大概了解社会学这门学科。与此同时，我想提醒大家，谁都不能保证你能从此书中了解到你想要知道的社会现实。换句话说，通过了解社会学这门学科的大概内容，反而会对“社会到底是什么样的”这个概念更加模糊。

因此，读者在阅读这本书时，不能带着“社会原来是这样的”的类似想法，社会远比我们所做的研究更广阔、更深远。

本书正是着眼于这一点，对社会学进行了全面的概述。在你阅读完此书后，应该就会明白，所谓“为了解社会，学习社会学”这条路，一不小心，就会越走越糊涂。

但是，这并不是什么坏事。了解这些后，你便会开始了解这个世界。社会的现实并不在社会学里，而是在社会本身的现实中，正因如此，社会学才得以存在，这才是本书应该阐述的内容。社会学者们都生活在社会的现实当中，虽然他们都身负评价与批判社会的职责,但是都伴随着时代的变迁而感性成长。毫无疑问，这并不是社会学的全部内容，若只凭此收集片鳞只甲，也无法理解整个社会。

这又是为什么呢？因为社会无时无刻不在变化。所以，了解社会和学习社会学，并不是同一件事。从另一个角度看，你理解的社会学与社会又时常会处在相同的范畴内。理解部分社会事实并非全是社会学者们的研究领域。

请大家记住，社会学这门学科主张刻画社会全貌。各种精细的社会学研究之间充满矛盾，而正是这些研究的累积，组成了社会学学科。

现代位相研究所 全体

2010 年 4 月

目录

01 个人与集体——人无法独自生存

02 家庭与教育——教育为谁而存在

03 劳动与消费——劳动即是消费

04 城市与犯罪——城市是实验室

07 历史与近代——现代是怎样的时代?

08 全球化与国家——世界能生存下来吗?

09 理论与模式一——将日常行为可行化

10 理论与模式二——将日常行为可行化

01
个人与集体——人无法独自生存

众所周知，社会学是处理社会问题的学科。即使是第一次接触社会学的人，也会想到这一点。但是，自社会学建立以来，“如何思考社会、如何研究社会，以及个人与他人、个人与社会之间关系” 诸如此类的问题开始发酵。社会学由此被划分为两个阵营，分别是 “个人主义”和“集体主义”。

个人主义以个人为起点来思考社会。粗略地说，个人主义主张社会是由个人的思想决策积累而成的。但也有比较极端的观点认为社会其实就是人的集合，即社会唯名论[①]。社会唯名论着眼于个人行为，通过个人行为的动机，深入研究制度的制定

① 社会唯名论(Social Nominalism)来源于中世纪欧洲经验哲学的非正统派唯名论，是一种关于社会学思想性质的理论观点。

和组织的成立。

个人主义理论出自马克斯·韦伯的理解社会学。韦伯认为，要解释说明社会现象，不能只停留于表面的因果关系，必须要弄清楚行为者的行为意义和动机。韦伯将带有主观意识的动作称为行为、与他人建立相互联系的行为称为社会行为，将个人行为的意义和动机作为社会学的研究对象。例如，与私人日记有着相同的内容，但能在公开的博客中出现的日记，就有研究个人行为的意义和价值，这属于社会行为。

小知识

马克斯·韦伯（Max Weber，1864—1920）：德国代表性社会学家。最初，作为法学、经济史的研究者，韦伯提出社会科学的价值自由和理念型的概念。后来，韦伯明确了世界宗教的经济伦理与合理化之间的关系，建立了理解社会学。

集体主义与个人主义恰恰相反。集体主义是以跨越个人并以实际存在的社会为前提来思考社会，即社会实在论。与个人主义的主要不同之处在于，集体主义研究的是社会作为一个统一有机体，如何作用于个人的行为和想法。社会实在论的代表人物是埃米尔·涂尔干。涂尔干主张从外部环境约束个人，并将集体中普遍存在的行动及思考方式称为社会事实，社会学的研究内容正是社会事实。

小知识

埃米尔·涂尔干（Émile Durkheim，1858—1917）：法国代表性社会学家。涂尔干以集体社会的存在为前提，将其作为社会学所研究的对象。不仅如此，涂尔干创办的《社会学年鉴》，培养了众多的弟子，形成了所谓涂尔干学派。

除极端的社会唯名论外，基本上可以认定社会学是以“社会是人的集合”的观点为前提进行研究。如果集体只是单纯地由个人组成，那么只需要研究集体中每个人的心理学就足够了。因此，着眼于社会事实的涂尔干与研究社会心理学的学者加布里埃尔·塔尔德展开了多方面的争论。但是，站在唯名论立场的塔尔德并没有否定过集体力量。归根结底，他们争论的焦点是，在考虑通过个人聚集形成的社会时，思考的起点应该是放在个人，还是影响个人的社会呢？

社会学在试图将个人主义与集体主义这两个立场进行融合的同时，也在不断发展。

02 『二人』与『三人』大不相同

至少需要两个人，才可能形成社会学方面的问题。这样当我们在研究社会是什么的问题时，就可以建立一种最简单的模型，来描述二人之间的关系和相互作用（二者关系）。当研究人数上升到三人及以上人数时，依然可以运用此模型来解释说明。

德国的社会学者加布里埃尔·塔尔德在研究社会(集体)时，主张至少得有三人，即构成“三者关系”（三者及以上之间的关系）才可能形成社会学问题。他认为二者关系和三者关系在本质上大不相同。例如，一对夫妇有了孩子以后就从二者关系变成了三者关系，原来的二者关系不可能依照原样维持下去。在三者关系中，产生了二者关系中所没有的两面关系——“分离”和“结合”。也就是说，夫妇之间紧密的二者关系破裂（分离）时，通过孩子的介入，三者之间产生了新的结合关系。这样说来，“因分而合”这种情况，在大城市的日常生活中也能见到。即在大城市中与所有人保持密切联系，最终可能会造成关系破裂的痛苦结局，但只要大家保持一定的距离（分离），就有可能与他人产生结合的关系。齐美尔认为，多亏了因分而合，人们在大城市中才能拥有“个人自由”。

小知识

加布里埃尔·塔尔德（Gabriel Tarde，1843—1904）：法国社会学家、刑事学者、法官。塔尔德批判了涂尔干的社会实际存在论，根据“暗示”“模仿”等概念讨论了个人形成社会的过程，建立了社会心理学的基础。另外，塔尔德还创造了“公众”的概念。

小知识

格奥尔格·齐美尔（Georg Simmel，1858—1918）：德国社会学家、哲学家。齐美尔不仅在社会学研究领域很活跃，在哲学、逻辑学、伦理学等多方面也多有建树。除此之外，齐美尔作为“形式社会学”的倡导者留下了卓越的功绩，形式社会学因为重视在相互作用中形成社会的过程，也被称为“微观社会学”。

不仅如此，二者关系并没有超越“我”与“我”之间的关系（个人与个人之间的关系），在第三者介入二者关系后，原来的二者关系就变成了“那个人”和“我们”，或者说是“我”

和“他们”之间的关系。也就是说，在三者关系中产生了个人与集体之间的关系。从这里开始，集体就以不同于个人的概念出现。例如，当自己的意见与其他二人的意见不同时，自己就会产生“大家都是这样说的，那也没办法”的从众心理，于是决定让自己融入集体中去。

在齐美尔主张的三者关系论中，暗含对“个人与社会的矛盾”的思考。在个人与社会、个人与他人的关系当中，个人怎样才能保持自我？特殊人群如何与社会构建关系？对身在德国的犹太人齐美尔来说，这个问题无法解决预定调和论[①]的二者关系。

① 预定调和：又叫“预定和谐”，最初源自莱布尼兹提出的理论。莱布尼兹认为，构成各种复合物的最后单位是真正单纯的存在，称其为“单子”。“单子”有“知觉”和“欲望”。每一个“单子”都凭其“知觉”反映整个宇宙。

03 虚幻的公众

中国有句俗语叫作“三个臭皮匠赛过诸葛亮”，意思是大家一起思考的话，就一定会想出解决问题的办法，比喻人多智慧多。然而，还有一句俗语，叫作“人多砌倒墙”，意思是人越多，意见和思想就会越乱，反而不好办事。

19 世纪末是个人主义向集体主义靠拢的一段时期。“个人是善恶的最终决定因素”“个人与个人之间和平共处的可能性”“带来最佳结果的合理讨论”等个人主义的理念，在这个时期都被颠覆了。其中最大的原因是资本主义社会的发展。在城市里，求职的人口开始集中后，集体意志则比个人意志更加重要，贫富差距引起阶级斗争，和平共处的理念被废弃，大众操作的手段统一了人们的利益，以上种种现象导致合理讨论也不复存在。对这种事态持有危机感的知识分子，将聚集在一起进行工人运动和大众运动、推崇权威主义，将大多感情用事且缺乏合理判断力的群体称为“群众”，并对他们进行了批判。他们认为，群众性格是导致个人主义衰退和市民社会解体的危险存在。

对此，倡导社会心理学的加布里埃尔·塔尔德将通过报纸等媒体，间接交换信息，从而能够合理判断社会争论点的人们称为“公众”。公众具有独立的意识和暂时的集体感，他们能够引发作为民主主义基础的舆论。也就是说，公众能够保护民主主义不受群众威胁。

实际上，由于媒体的煽动，群众势力开始兴起，具有自律性和能动性的公众失去了存立的基础，取而代之的是没有共同目的和共同信念、没有同伴意识和集体感、匿名且孤立的“大众”。至此，个人主义转变为集体主义。

04 每个人都附属于多个所属群体

即使有时候会憧憬电视中的富豪，可实际上并没有多少人会产生“为什么那个家伙是富豪，而我却是个穷人”的嫉妒想法。但是，当参照物从陌生人变成身边的朋友时，你的想法会发生改变吗？例如，一起做兼职的朋友比自己先加薪，自己就会产生嫉妒愤懑的想法——“为什么那个家伙比我先加薪”。仔细思考自己与朋友的不同之处后可能会意识到，原来是因为朋友深谙兼职的工作方略。

不嫉妒电视里的富豪，反而嫉妒身边的朋友，之所以产生这种心理是因为自己与朋友属于同一集体。认为自己工作能力与朋友属于同一水平，如果朋友稍微领先的话，自己的内心就会产生不满。与自己的处境相比，人们会对比自己优越的对方

（集体）怀有不满，社会学家将这样的集体称为“比较性参照群体”。实际上，并不是所有的所属群体都是比较性参照群体。例如，兼职、社团、研讨会等，即使存在许多这样的所属群体，但能够决定自己的境遇满足度的只有比较性参照群体。

那么，将目光转向先加薪的朋友。包括你在内，所有兼职的学生，都可以在一起其乐融融地工作，但这时，如果有一位同学十分优秀，甚至被误认为是公司职员，那这位同学就可能会被一起兼职的其他同学排挤。

社会学家将这种目前没有附属于哪个团体，但将来某一天会附属于某个团体的集体称为“规范性参照群体”。

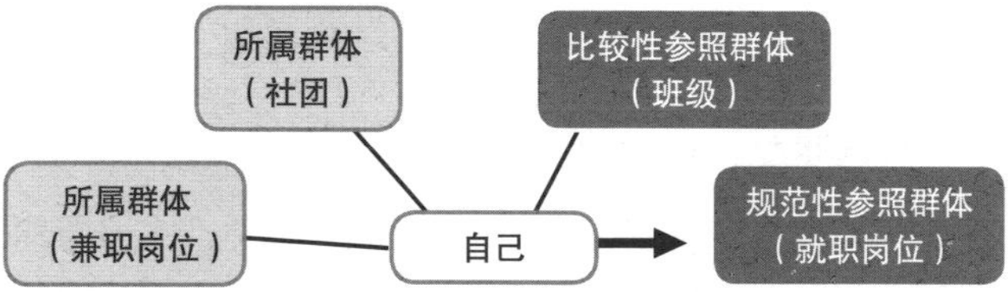

比较性参照群体和规范性参照群体

在如今的社会中，每个人都附属于多个所属群体。在比较性参照群体和规范性参照群体中，人的态度和满足度都会不同，也会对相应的所属群体做出相应的反应。在因为同伴的评价而感到一喜一忧前，试着回想一下自己的比较性参照群体和规范性参照群体，可能就会找到适合自己在多个所属群体中生存的道路。

05 建立良好的关系需要树立共同的敌人

“我们是朋友，对吧？”将此话说出口并进行确认时，大多数人会认为对方是在确认你与他之间的友谊。“因为我们是家人”这种话也是如此，肯定是在强调家人之间不可分割的关系。但是仔细思考会发现，这些话在确认羁绊的同时，实际上也提到了不是朋友、家人的人。这些话都暗含着“既不是朋友也不是家人的人一定不会站在你这边的，你没有必要那样帮助他”的类似信息。

“朋友”和“家人”是很容易理解我们的集体，不过我们周围也存在其他的集体。作为区分，我们把怀有一体感和依恋感的集体称为“内群体”，人们认为内群体就是自己的伙伴，较多的内群体都是自然形成的。我们可以将内群体概括为“自家人”。“我们不是朋友吗”“我们不是家人吗”的话语里暗含着我们和其他人不同的意思，“自家人”也暗含着与“生人”的差异。“自家人”是指与自己亲密的人，“生人”是指被提到的他人、有违和感的人、应该提防的人。像这样，被认作是“生人”，被认为不是“自家人”，且无法用“我们”涵盖的群体，被称为“外群体”。

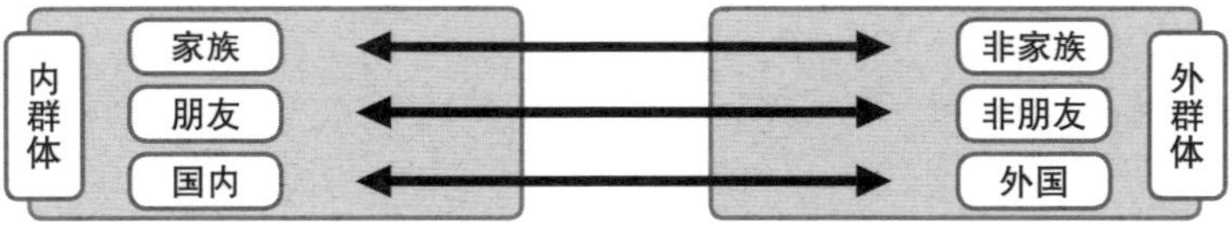

内群体与外群体

人们无法从第三者的角度来判断内群体和外群体，也不可能只存在内群体，而不存在外群体。内群体和外群体的区别在于主观层次。因此，在内群体中能够感受到一体感和依恋感，而在外群体中感受到的是违和感和对抗心，这两者常常就像同一枚硬币的两面。一般情况下，对内群体的一体感越强，对外群体的对抗倾向也就越强。好好利用这一点的话，在体育运动等领域中就可以提高团队的凝聚力，让队员充满斗志。“打倒 ××”的标语就是一个很好的例子。但是，如果在国家与民族关系中产生过度意识的话，内群体和外群体之间的关系就会出现问题。回顾历史就会发现，有的国家为了增强民族内的团结就会故意转移国内大众的注意力而去敌视他国，最终爆发战争。

对内群体的一体感和依恋感本身并没有值得批判的地方，但是，当这种一体感和依恋感被政治利用时，就会成为巨大灾厄的火种。因此，我们必须强烈地意识到，在确认关系的同时也是在区分内、外群体。

06 关系性的变质

虽然能认得出邻居的面孔，但平时除了打招呼之外，彼此之间也并没有特别在意过，有时自己甚至都不知道隔壁住的人叫什么名字，这是因为平时大家都是优先关注自己的生活。无论是谁，大家的日常生活应该都是这样的。如今，与邻居及居住地区的联系，已不再是“日常生活的一部分”了。我们虽在社会中生活，但也可能已经不在共同体中生活了。

斐迪南·滕尼斯将不再是共同体的社会称为“利益社会”。他将利益社会视为人们为了达成某种目的而形成（形成意志）的机械结合体。大城市是无数人追逐利益的产物，而建立国家是为了管理人民，这两者都是利益社会的典型代表。滕尼斯阐述，在基于利害关系，通过合理的“选择意志”而成立的利益社会中，无论人们准备以何种方式进行结合，每个人在本质上都是分离的。

小知识

斐迪南·滕尼斯（Ferdinand TÖnnies，1855—1936）：德国社会学家。滕尼斯将社会分为共同体与利益社会，主张社会的历史发展从前者转移到后者。他认为近代社会可能会被缺少人类意志的有机统一性利益社会所颠覆。

与利益社会相对，人类通过与生俱来的“本质意志”（自然意志）进行结合，从而形成的有机共同社会被称为“共同体”。根据滕尼斯的理论，在共同体中，无论如何分离，人们本质上还是存在结合关系，个体性融入共同性。也就是说，人们通过人格上的融合、留恋、信赖来维持亲密的人际关系，这样的社会便是共同体。在共同体中能够列举出如下的典型代表：能够产生共情心理的家族及民族；拥有共同的习惯和传统的村落及地方自治体；拥有共同的美德和信仰的中世纪城市及教会等。滕尼斯将这些分别称为“血缘”共同社会、“地点”共同社会、“精神” 共同社会。

随着资本主义社会的发展，共同社会逐渐转变为利益社会。但实际上，我们生存的社会并不都是利益社会。被视为利益社会中的典型代表——企业，也是如此。拥有上述共同体的精神，有时也能够增补利益社会的不足之处。但是与此同时，也可能会提高反社会性，造成事实被蒙蔽等后果。因此，人们在摸索共同社会的复兴道路时应该要慎重。

07 个人主义和连带感

多人共同准备餐宴时，肯定会有任务分工。比如，切菜的人、准备肉食的人、清洗烹饪器具的人。这时候，如果餐馆老板给每个人进行明确分工，他们就会产生一种责任感，也会因此提高工作的效率。与此同时，每个人在工作时也会产生连带感。埃米尔·涂尔干将这种能够产生责任感和连带感的分工形式称为“社会分工”，并将通过某种规范结合而成的连带作用命名为“道德连带”。

涂尔干认为社会学的使命是阐明人与人之间统一的道德（规范）等社会事实。他在《社会分工论》中写到了，根据道德连带的存在方式将社会形态分为“机械连带”和“有机连带”，并对此做出如下说明：在原始社会中，人们仅仅因为相似性而单纯地结合在一起（机械连带），此时，所有人都承担着相同的职务。拥有相同形式、相同功能的环节被连接在一起，形成了“环节社会”。但是，在这样的社会中，由于人们的能力和个性不同，所以所承担的职务也不尽相同，紧接着能够发挥各人长处的分工方式开始兴盛起来，全体社会的结合便会变得更加复杂（有机连带），这样的复杂社会被称为“有机社会”。

涂尔干认为，像这样，越是复杂且牢靠的结合，形成的社会分工越发达，社会也就越具有道德性质。但是，从农业社会发展为工业社会时，由于经济重心发生转移，社会分工和道德结合开始慢慢衰弱。涂尔干将此现象视为有机连带的异常事态，称为“反常（无规制） 分工”，并对此进行了批判。

社会分工

开头的餐宴分工指的便是这种情况。在此之前，每人都做着相似的菜肴，但是之后一起做套餐，在工作变得更加细化的同时，人们也渐渐地不清楚自己正在做什么样的菜肴，做的是怎样的工作。虽然仍然是在做菜肴，但是人们彼此之间都疏远了，不知不觉间，连带感与责任感慢慢消失了，工作中也提不起干劲。涂尔干论述到，我们长时间被社会卷入这样混乱的分工中，若要打破这种无限制的状态，就必须建立起“尊重个人”的新道德观。在个人主义往往会受到批判的社会中，也许有必要再考虑一下将道德连带变为可行的个人主义。

08 这个社会是正常的

自杀这种行为会给留下来的人们带来深深的悲痛。很多人因为没有注意到身边的人的痛苦，没有及时劝阻自杀者，所以也同样感受到深深的愧疚。如果你此时遭遇不幸，深感痛苦的话，那么我建议你不要深入了解社会学。因为社会学可能会告诉你："这个社会有一定的自杀率，才能够正常运转。"

在社会学古典名著《自杀论》中，埃米尔·涂尔干着眼于几个社会的自杀率，他发现这几个社会的自杀率并不相同，同时他还注意到这些社会都保持着长期稳定的状况。于是，他认为社会存在一定的自杀率，这甚至表明社会是"正常"的。

涂尔干根据导致自杀行为发生的社会主要原因，将自杀分为四种类型。即"利己型自杀""利他型自杀""失范型自杀""宿命型自杀”。

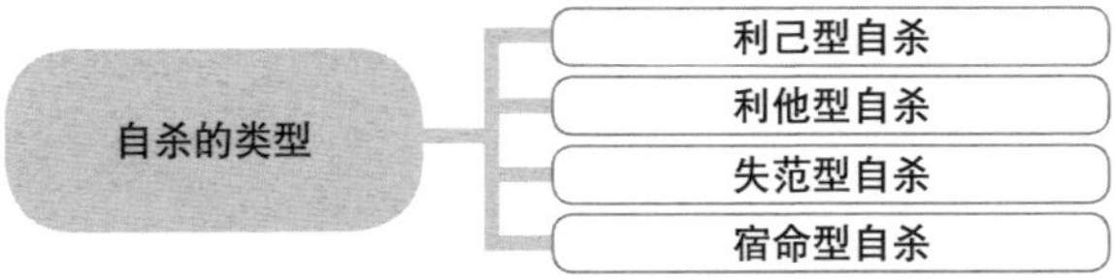

涂尔干的自杀论

利己型自杀是指，个人在统一的社会集体中存在感较弱，与他人的结合关系也不多，因此常常感受不到自己生活的意义，从而选择了自杀。

也有许多自杀行为是因为社会统一性太强所导致的。涂尔干将这种自杀行为称为利他型自杀。

另一方面，反常状态是指，因为经济的急剧恶化或突然好转等，社会规制力（规范）减弱的状态。通常，人类的欲望会因为社会规范而受到抑制，但会因为急剧的社会变动而导致其抑制力减弱，于是人们变得无法控制自己的欲望，因为欲求不满感到痛苦，从而选择了死亡。与此相反，在对欲望规制力较强的社会中选择自杀的现象则被称为宿命型自杀，但是由于涂尔干难以想象在现代社会中，人们会因为社会规制力过于强大而自杀的行为，所以他自己并没有怎么重视这一类型的自杀研究。

重要的是，乍看之下，极易被认为是由个人或心理因素引起的自杀现象，实际上是由无法还原的社会因素所造成的。《自杀论》中清楚地展示了在急剧动荡的社会中，个人无法还原的社会事实，确实可以称得上是社会学的古典名著。

我们在日常的生活中是如何判断“应该做什么，不应该做什么”的呢？我们因为害怕被周围人说成是不懂得察言观色的人，所以总是在察言观色，努力配合他人。

美国的社会学者大卫·理斯曼把在意他人看法，努力去迎合各种意见和他人价值观的社会性格命名为“外部导向”。

小知识

大卫·理斯曼（David Riesman，1909—2002）：美国社会学者。第二次世界大战后，理斯曼将被动的美国中间层的社会性格看作“他人导向型”。他主张通过乌托邦恢复自主性。另外，他在批评凡勃伦的制度主义的同时，提出了新个人主义。

大卫·理斯曼认为，在近代工业社会中，外部导向是大众阶层的典型性格。也就是说，我们中的大多数人都是外部导向性格。我们常常会对周围人的期待过于敏感，却没有“我想这样做、这样生活”的自身判断标准。理斯曼指出，社交型人群实际上对面子有很强的意识，他们如果展示出真实的自己则会产生不安、孤独等情绪。那么，这种过于迎合的外部导向性格是怎样形成的呢？理斯曼将在产业化过程中，随着人口变化而不断改变的社会性格分为三种类型，并对其一一说明。

首先，在将人口水平控制在一定水准的共同体社会中，社会构成人员都拥有一个共同的目的——生存下去，人们普遍都遵守传统与习俗，具有顺从适应性。在这种社会中生活的人群，他们的社会性格被称为“传统导向”。这种人群无论做什么事都会努力地去服从传统，因此难以在共同体社会的内部发生变化。但是，如果他们进入工业化进步、社会活跃的初期资本主义社会中，就会接触到很多机会，能够使他们过上与以往不同的生活。例如，进入大城市能够找到赚钱的好工作。但是，在熟人较少的大城市中，忍受孤独，不受传统束缚、遵从自己的内心采取行动就变成了收获成功的关键。像这样，在内心中坚持自我、保持自律的社会性格被称为“内部导向”。

进入已经成熟的消费主义社会时，比起生产和制造行业，管理和销售这类处理人际关系的职业增加趋势更加明显。喜欢迎合他人，对周围人的期待反应敏感反而变成了成功的秘诀。于是，人们形成了过于迎合的他人导向型社会性格。

10 保持自我

人们在不同的领域内会被贴上不同的标签。作为“公司职员”，我们早上按时上班；作为“餐馆的客人”，我们独自去吃午饭；作为“某某的恋人”，我们结束工作与恋人约会。

作为“某某的恋人”时的自己与作为“餐馆的客人”时的自己，心境大不相同。当然，作为“公司职员”时的自己也是如此。不过，尽管面对的人和场景并不相同，很多人还是保持着“我就是我”的一贯性。像这样保持“我是谁”的一贯性，持有“我不是别人，我就是我”的统一感被社会学家称为身份认同（自我同一性）。身份认同是由学者爱利克·埃里克森提出的概念，其中包含社会身份认同和自我身份认同这两层意义。埃里克森认为，获得身份认同是人们青年时期的必要任务。人在自我发展的同时，也在努力获得身份认同感。但这份努力也会经常失败，有时甚至会引发“身份认同危机”。但是即便如此，获得身份认同仍是青年时期必不可少的任务，我们同时要做的是克服这场危机。

小知识

爱利克·埃里克森（Erik Homburger Erikson，1902—1994）：美国心理学家。埃里克森是现代继承弗洛伊德自我心理学思想的第一人。他基于自我体验和美国精神分析临床经验，提倡探索社会、文化和个人关系的身份认同论。

在社会学中，获得身份认同并不只是青年时期的任务，残疾人、小团体等社会上的少数群体，不断地面临结构性问题，同样也会陷入身份认同的危机中。也就是说，获得和维持身份认同必须得到周围人的“承认”。因此，少数群体若想获得身份认同，必须要与具有社会影响力的多数群体构建关系。换言之，在某个社会中，当少数本身成为一个负面特征时，少数群体为了获得肯定和积极性的自我身份认同，就必须与多数群体建立新型友好关系。对少数群体而言，获得身份认同并不仅仅是个人任务，同时也是群体的任务。

获得身份认同成为群体的任务，这在主流社会中也是如此。承认身份认同与制度问题也有很深的关联。承认身份认同就意味着承认不同的价值观，所以应该承认的价值范围成为一个值得思考的问题。

承认某个人、某一群体的身份认同，不仅涉及“谁承认、怎样承认”的问题，还会引起承认到何种程度的问题。

02

家庭与教育——教育为谁而存在

01 『家』的特殊意义是什么？

提到“家庭制度”这个词语，大家并不陌生。“家庭”近在咫尺，但“家”的意义，大家可能只有在结婚的时候才会想明白。在近代家庭（通过爱情联系在一起，以孩子为中心的一代）成为理所当然的家庭形式之前，“家”在人们独特的观念中到底是什么样的呢？社会学家喜多野清一认为，“家”不仅仅是指亲属，也包含保姆、家庭司机这类无血缘关系的人，还包括共同生活互帮互助的人群。在很多家庭中，存在一种世世代代被继承下来的称为家业的工作。家业的延续是最重要的，但是家业的继承者们有时并不是孩子或者亲戚，而往往是优秀的养子。在家庭剧里，我们经常听到的“断送家业”，正是在这种家庭制度中才会发生的特有事件。

小知识

喜多野清一（1900—1982）：日本和歌山县出生的社会学者。关于“家”，喜多野清一主张有一种复杂的家庭制度，不仅有普遍存在的小家庭的结合，也包含在父权社会的统率下成立的历史性家庭的结合。

日本农村社会学者喜多野清一认为家庭不仅有“家”的一面，还有“家庭”的一面。“家”不仅仅是指带有血缘关系的个人，也包含无血缘关系的生活共同体，而“家庭”是两个“家”中的个人通过爱情产生的新结合。基于马克斯·韦伯的理论，喜多野清一主张将家放在“父系家族”这一形态的位置上，且必须将日本家庭分为“家”和“家庭”进行分别论述。

同为日本农村社会学者的有贺喜左卫门与喜多野清一持有不同观点，他主张必须将家庭作为单独的概念来进行考虑。有贺喜左卫门认为，像喜多野清一那样将原本的家庭分为家庭和家来分别考虑，并不能准确地把握家庭的精髓。有贺喜左卫门与喜多野清一的争论最终以各执己见而告终。

小知识

有贺喜左卫门（1897—1979）：出生于日本长野县的社会学者。有贺喜左卫门展开了根据村民的生活意识把握日本的村落结构，特别是家和同族组织的独特方法论。他通过追溯历史进行分析，否定了同族结合具有封建性的观点，对民族性做出规定，并将其组合结合的概念进行了对比。

20 世纪 70 年代，由于经济的高速增长造成农村城市化，大部分农村里值得回忆的事情越来越少。而在城市中，关于近代家族的研究也比关于家的研究要更多。学者们在研究关于家庭历史的过程中发现，在欧美国家中，所谓家庭并不一定是指有血缘关系的家庭。

现今社会，在很多家庭的亲子关系和亲属关系中，仍旧残留着以前老旧的家庭制度。

02 家庭是什么？

当有人问起“你的家人是谁”时，回答这个问题也许并不困难，但是如果他问“为什么那些人是你的家人呢”，这时我们该如何回答呢？告诉对方是因为“血缘关系”“户口在一起”“法律规定”并不能涵盖全部答案。例如，还会衍生出这些问题：个人开始独自生活之后家族就不存在了吗？兄弟姐妹的结婚对象是家族成员吗？疼爱的宠物也算家族成员吗？等等。

统计学中，使用“户”这个词代替家庭。户是指“在同一户口簿上，同一住处起居，共同生活的群体”。满足这个条件的话，即使没有血缘关系，也能成为户中的一员，不满足这个条件的话，即使有血缘关系也并不能算作户中的一员。所以户与“家庭”从语意上来看可能相差较远。

但是，从抽象的角度来思考一下家庭又会有什么不同呢？乔治·彼得·默多克认为，家庭（核心家庭）同时发挥四项功能——“性功能”“生殖功能”“教育功能”“经济功能”，是人类社会中比较常见的社会单位（核心家庭普遍说）。这里所说的核心家庭，是指夫妇或者夫妇及其未婚的孩子组成的家庭。就功能而言，教育功能在幼儿园和中小学中实现，经济功能则在公司中实现，这两个功能来自家庭，最终在社会上得以实现。

小知识

乔治·彼得·默多克（George Peter Murdock，1897—1985）：美国人文学者。默多克主张核心家庭在人类社会中普遍存在，这个概念对社会学家族理论的形成和发展产生了很大的影响。

实际上，在家庭社会学中，并没有对家庭的普遍定义。因为随着研究进展的深入，我们很明显地发现，家庭的定义随着时代和文化的变化而不同。确定家庭的普遍定义，有可能会把不同于定义的家庭确定为异常现象。例如，在近代家庭中，一夫一妻通过平等的爱情关系进行结合，父母（特别是母亲）对孩子倾注关爱、养育的私人家庭，他们普遍认为男主外女主内的性别任务分工是“理所当然”的，但这种想法现在已经成为被批判的对象。

虽说现代社会并没有对家庭的普遍定义，但这并不意味着社会学中没有家庭研究。如今，家庭已是一种制度，只要存在被称为家庭的事物，那么就会产生家庭是如何建立、如何慢慢地变化、该如何接受这种变化的一系列问题，这些问题是家庭研究的重要课题。

人生只有一次，所以要珍惜。当我们俯瞰众多的人生时，会发现每个人的人生各不相同，但从某种程度上来说，很多人都有共同的人生经历。“生命周期”是指包含人类在内的所有生物从出生、成长、成熟、衰老到死亡的全部过程。生物作为个体虽然被死亡所限制，但作为物种，却能在规律性循环中延续着生命。

对人类来说，“生命周期”稍微复杂些。确实，人既然是生物，同样也应该受到年龄增长引起的阶段性变化的限制。但是除此之外，我们的人生也受到了历史和社会的影响，如果所处的时代与地点不同，就可能会经历完全不同的人生。例如，人类生命周期的概念往往是指在家庭中出生、长大、成人、建立家庭、生育下一代的规律性变化，但不是所有人都会平安长大、组建家庭、生儿育女，家庭的组成形式随着每个阶段的变化呈现出多样化的趋势。

另外，战争、疫情及悲惨的经济恐慌等，都会对每个人的人生造成重大的影响。因此，人生经历并不只是单纯的生命周期变化。

小知识

葛伦·埃尔德（Glen H. Elder, Jr.，1934—）：美国的社会学家兼心理学家。埃尔德的主要著作《大恐慌的孩子们》是一本以庞大的追踪调查数据为基础，对经历了世界经济危机的孩子们的成长情况和变化过程进行比较研究，编写的研究生命历程的经典书籍。

为了更好地捕捉人类生命周期的精准含义，美国的社会学者葛伦·埃尔德提出了“生命历程”的概念，并使用同类群组分析的方法对此进行分析。

在生命历程论中，葛伦·埃尔德通过生物学上的年龄增长、家庭关系、学校毕业、初次就职、结婚、生育、失业、兵役以及各种各样的社会角色和事件变迁对个人进行分析。同类群组的研究对象是同年龄群体。在这里，同类群组分析是指基于生命历程的概念，分析同年出生的群体成员在何时经历了多长时间的何种事件。另外，还需展开分析历史事件和社会制度对各同类群组造成了何种影响，同时比较分析同一群组成员的学历和出身阶层。

以往社会学家们分析以家庭为中心的生命周期，研究对象往往是生活在一般家庭形态中的人们。而生命历程理论的意义在于，将生活在“正常”生命周期之外的人群也包含了进来。不完全消除人生的微妙之处，不将人生扁平化，而是将我们仅有一次的人生视为一个整体——这样的难题，可能是社会学所面临的一种挑战。

04 男性气质与女性气质

现代社会，在街上或是在职场中穿裙子和裤子的女性非常多，但是几乎没有见到穿裙子的男性。那么我们是否可以断言，目前裙子仍是女性的专属物品呢？其实并非如此。男性穿裙子或者类似着装的文化在世界各地都存在。“男性气质及女性气质”“男性应该是这样或者女性应该是这样的”这种共同认知，实际上是由时代和文化约定俗成的社会构筑物——现在这种想法作为“性别”一词而广为人知。但是“性”也是社会构筑物，知道这一点的人好像并不多。

关于性别的各种观点，大部分人认为性别建立在性的基础上。但是，随着以解放女性为目标的“女权主义”的出现，男性、女性的性别二分法开始受到质疑。女权主义认为女性长期处于被压迫的立场，而且在男女对立的条件下人们无法充分了解性别，必须将性别视为一个不对称的阶级秩序。例如，西蒙娜·德·波伏娃认为在以男性为主体的社会中，女性只不过是外人，女性总是处于补充男性的位置。另外，从人类性研究的立场来看，男女二分法的性别概念会压迫同性恋，强化“异性恋主义”，因而受到社会学家们强烈的批判。

小知识

西蒙娜·德·波伏娃（Simone de Beauvoir，1908—1986）：法国女作家、评论家，著有《第二性》，讲述了对认真细心女性的分析及其主体性获得，引起了全世界的反响。

琼·瓦拉赫·斯科特从历史学的立场出发，将性别定义为使肉体差异抽象化的一种认知。斯科特认为，并不是性促使社会中的人们产生了性别认知，而是性别认知产生了以性为基础的社会关系。斯科特的讨论被朱迪斯·巴特勒理论化，她甚至主张所谓性就是性别。巴特勒认为，言论创造出身体，这种言论将性正当化。

正在发展的不仅仅是理论。看向现实，一方面，随着医疗技术的发展，性和性别的可变性这条路越走越宽；另一方面，提倡男女平等和性别自由的车也正迎面驶来。我们现在可以说是迫切需要讨论理论与现实相符合的问题。

小知识

朱迪斯·巴特勒（Judith Butler， 1956—）：美国思想家。巴特勒主张性的区别来源于生物学的定义，由文化的性别表现构成，因此，性规范可以根据文化的革命行为而改变。

05 以前没有孩子

“以前没有孩子”，这样说大家会觉得很奇怪。

现今社会，我们认定任何人在成长为大人之前都是小孩子。但其实，我们理所当然地认为是“小孩子”的人，在以前说到底只是个“小大人”。曾经并不存在像现在这样，接受教育、被层层保护起来的“小孩子”。

“以前没有孩子”这句具有冲击力的话出自法国的历史学家菲利浦·阿利埃斯。他在《“儿童”的诞生》一书中写到，在欧洲的中世纪时期，并不存在所谓“童年时期”的概念，也不存在教育的概念。“孩子”的服装也和大人并无差别，虽说还是个孩子，但并没有像现在这样被教导——“不可以喝酒”“必须读大学”。在成长为小大人之前的婴儿，死亡率远高于现在，因此也不能计入家庭人口数量，在成长到能够说话之前，婴儿的待遇和动物差不多。因此，死亡的婴儿就像死去的猫狗一样被随意埋葬。

小知识

菲利浦·阿利埃斯（Philippe Ariès，1914—1984）：法国历史学家、社会史学家。阿利埃斯着眼于孩子、心理、生与死等之前社会学中未曾被研究过的领域，对其进行分析。

阿利埃斯阐述，近代才有“孩子作为不同于大人的存在，理所应当地处在父母的保护下”的观点。在近代之前，孩子一旦到 7 岁，就会被父母送去当学徒、当伙计。从 16 世纪到 17 世纪，特别是上流阶级的人群，对“孩子”产生了特别的意识，由此孩子的待遇迎来了巨大的变化。在上流阶级中，人们意识到，必须把处于白纸状态的孩子教育成道德与理性兼备的人，作为执行生殖功能和财产管理功能的家庭，也转而成了研究教育的场所。随着社会的普遍认知发生变化，小大人无论在哪里都会被视为“孩子”而被疼爱、被保护。家庭期待学校可以建立一套健全的制度，可以教育出理性的人类，这也促进了不同于学校、可作为精神性教育、道德性教育的场所——家庭的登场。阿利埃斯的理论，为“孩子”这一概念的形成做出了贡献。

阿利埃斯通过追溯“孩子”这一概念的形成过程，从而颠覆了孩子像现在这样被疼爱、被保护，在家庭和学校中成长的常识。这也体现出以孩子为中心的近代家庭的特异性。阿利埃斯的论述告诉我们，有些事情现在看起来是理所当然，但在过去却未必如此，将来也并不一定会继续保持下去。

06 另一个『我』

通过观察玩过家家的孩子们，可以看出孩子的家庭平时进行着怎样的对话。因为孩子们在过家家的时候总是重复着自己说的话、父母说的话。“学习”这个词的语源据说是“模仿”，孩子是边模仿父母的措辞、表情和动作边成长的。社会心理学者乔治·贺伯特·米德根据孩子们玩耍的样子，得出了人类在社会中是如何发展自我、创造社会的结论。

小知识

乔治·贺伯特·米德（George Herbert Mead，1863—1931）：美国哲学家、社会心理学家。米德受到实用主义哲学的影响，把人的精神活动和自我放在了社会过程中，以此为基础开拓了行动主义的社会心理学。

米德认为，孩子们一边学习以语言为代表的“有意义的象征符”，一边通过获得父母及身边其他人的期待，从而形成自我。“有意义的象征符”是指可以让他人与自己产生相同反应的符号。通过这种符号，创造出他人与自己拥有共同意义的世界。使用“有意义的象征符”的孩子们，可以在玩模仿游戏时，学会理解他人对角色的期待以及社会角色、观点等。甚至，孩子们可以通过棒球等游戏学会扮演情境中的角色，即相互关联的角色，例如，投手和捕手。通过这样的过程，孩子们将“一般化他人”的期待内化，形成自我的社会侧面——客我。换言之，客我是指社会中按照社会期待行动的自我，也被称为良心，是一种内化的社会规范。

但是，米德指出，自我并不是仅靠客我而成立的。自我是指将“主我”和“客我”这两个侧面结合起来进行的社会过程的一部分。主我是自己的内在反应，对客我显示出独特的反应，加上个性的修正，创造出个人风格。客我通过审查主我的反应，促进自我适应社会。正是这种相互作用，才促使自我发生新变化。

米德设想在自我内部存在主我和客我之间的动态关系，试图由此描绘出社会规定的个人与个人规定的社会这两方面的关系。

07『大家』是谁？

“没事的，毕竟大家都是这样的”“为什么只责骂我，大家不都是这样做的吗”“不要这样做，大家会讨厌的”……我们使用“大家”这个词，是为了将自己的行为正当化，或是为了批评他人的行为。特别是父母批评孩子的时候，可以借此省去向孩子一一解释说明的时间，这个词对父母来说应该是个很便利的词语。

但是，“大家”到底是指谁呢？

“大家”不仅仅是指说话者及倾听者，也不一定是指特定的第三者。也就是说“大家”既不是张三也不是李四，而是一个随机的人。

乔治·贺伯特·米德认为，我们从儿童时期开始，通过模仿游戏，学习理解他人对于角色的期待，并按照这种期待进行角色行为——学习把别人的期待当作自己的角色任务。但是，我们并不能满足所有人对我们的各种期待。

米德将并不是特定的人称为“一般化他人”。“一般化他人”正是我们生活中使用的“大家”这个词的原形。我们通过与家人、朋友及周围人的对话，将“大家”的规范内化。于是我们的“父亲”就是这样的，“母亲”就是这样的，“教师”也是这样的，在理解“大家”所期待的角色的同时，我们也将其付诸实践。

一般化他人

话虽如此，但“大家”这个词到底是指谁，以及“大家”期待的角色是什么，实际上这个答案并不是很明确。因为“一般化他人”是人们虚构的人物，不一定是我们身边的某个人。因此，“大家”这个词根据时代和状况而改变，并没有统一的标准。

老师说“大家”时、政治家说“大家”时、企业说“大家”时、新闻广播员说“大家”时，这些“大家”都是在指谁呢？

不同的时代和状况下，称谓也会不同，而我们要做的，是从这些不同称谓中窥见社会形态。

08 社会化的人

据说人类是社会性动物。除了人类以外，动物群体也会形成内部分工的协作方式，但是只有人类这种动物可以做到一个人承担多个角色，同时处理多项复杂的难题。而且，也只有人类这种动物，会因为自己建立的复杂性社会，对孩子进行教育，让孩子学习作为未来的社会成员应该掌握的社会规范。

法国社会学者埃米尔·涂尔干将为了让孩子成为社会性动物，父母对孩子实施的教育称为“社会化”教育。涂尔干认为，社会化对个人具有约束作用，如果因为不适应社会而对其进行抵抗的话，个人就会被强制社会化。对社会化进行抵抗，可能会招致周围人的反感、报复或者刑罚。对此，加布里埃尔·塔尔德与涂尔干的观点相冲突，他主张被社会化的个人也可以自发性地接受社会化，社会化始终是在平等的相互行为中进行的。

心理学家让·皮亚杰随后提出了认知发展理论。另外，塔尔科特·帕森斯继承了涂尔干展开的社会化思想。对于正在研究“社会秩序是如何存在的”问题的帕森斯而言，重要的是：“社会化对社会发挥了什么作用？”“怎样才能很好地发挥社会化的作用？”基于以上的思考，帕森斯认为，社会化是一个维持社会秩序的共同价值和规范的内化过程，为了使社会秩序成为可能，除了社会化之外，还需要将共同价值和规范制度化。

小知识

让·皮亚杰（Jean Piaget，1896—1980）：瑞士心理学家。在阿尔弗雷德·比奈的研究室学习中，皮亚杰受到弗洛伊德思想的影响，转而开始研究儿童心理学，他采用实验性临床法，建立了关于儿童语言、思考方面的理论。

像帕森斯那样，可以强烈意识到社会性统一的社会观，形成将人放入社会模型中进行描述的方法。丹尼斯·休姆·朗（Dennis Hume Wrong）将此方法作为社会化过剩的人类观进行批判。拉尔夫·达伦多夫从对立与纠纷是社会不可缺少的要素（冲突理论）的立场出发，将只会扮演社会规定的、被分配角色的人类称为“社会化的人”，并对此进行批判。

只要人类仍是社会性动物，那么社会化就是不可避免的个人与社会结合的过程。因此，社会化理论时常以“个人自由与社会秩序之间的关系应该是怎样的”作为课题。

09 惯习

被大人评价为“教养好”的孩子大多数都是懂礼貌讲礼仪的孩子。一般来说，越是受过良好教育的孩子越会被说“教养好”。但是，无论多么有礼貌，临时改变品性的行为举止都会让人感到不协调。“教养良好”与其说是孩子的行为举止本身，不如说是其肢体呈现出的“自然性”。

法国社会学者皮埃尔·布迪厄将像“教养好”这样，在无意识中内化、身体化的倾向称为“惯习”。惯习本来是一个拉丁语词汇，指外在特征、脸色、态度、性格、性格倾向等，但是布迪厄巧妙地将这个词语用作说明人类社会化机制的概念。

小知识

皮埃尔·布迪厄（Pierre Bourdieu，1930—2002）：法国社会学家。布迪厄主要研究教育和社会阶级。他通过惯习的概念，一方面阐明人类日常行为的规律，另一方面以把握结构和实践的统一为研究目标。

布迪厄认为，惯习是在无意识的情况下获得的，惯习的形成就像年轮的形成（从内到外）一样，它可以引导下一个习惯的形成，从而逐渐使之社会化。

例如，对幼儿而言，接受父母的教育时，不仅教育内容会发生改变，同时学习方法本身也会被内化。幼儿获得的学习方法，决定其是否能够接受将要学习的内容。布迪厄将通过家庭教育的惯习称为“第一次惯习”。他指出，从“再生产”的角度来看，社会上表现为统治关系的现象是受第一次惯习的影响。在统治者阶级家庭中的孩子，更容易接受学校传播的文化价值和被赋予的期待，反之，在被统治者阶级的家庭中形成的第一次惯习，就很容易对学校传播的文化价值以及被赋予的期待产生抗拒心理，因此，第一次惯习不仅会影响人们将来的社会地位和财产，还会导致统治阶级与被统治阶级之间的差距再次被扩大。

惯习将我们的认知和行动隐藏于水渠[①]中，因为我们的选择是重新养成惯习。布迪厄认为惯习是一种性格倾向系统，同时

---

① 水渠：在此处为心理学术语，指某种行动模式被局限在狭窄的范围内。

也是一种“体现在身体上的历史”。我们的日常行为、每个人随意做出的决定，实际上都是人类在历史上的产物。布迪厄的惯习理论超越了传统社会学二元论式[①],为个人与社会之间的关系提供了新观点。

① 二元论式：个人与社会、主体与结构，以及宏观与微观的相对理论。

10 教而不学

从初中升往高中，又从高中升到大学，大家这样做仅仅是为了获取知识吗？其他的目的是什么呢？少数人想进入大学进一步学习，因此选择升入高中，大部分人则是因为“周围人都升学了”，自己也决定升学。实际上，得到高中的毕业证书，不仅能够获得大学的入学资格，还可以使高中毕业生在就业时比初中毕业生更具有竞争力。同理，大学毕业生就业时也比高中毕业生更具有竞争力。因此，所有人都会毫无疑问地选择升学，努力获得毕业证书。现如今，高中毕业生就业率低下，超过一半的人选择升入大学继续学习。但要知道的是，在求学过程中，重要的不是获得毕业证书，而是学到知识。

人们通过所谓“学校教育”系统从教师等专家那里接受教

育，并将这种模式当成为理所当然的事情，因此人们丧失了自律性。伊万·伊里奇批判这为“学校化”。

小知识

伊万·伊里奇（Ivan Illich，1926—2002）：奥地利出生的哲学家、社会批评家。他主张学校、医疗等社会服务的根本权力损害了人类的独立性，提倡脱校论等。

伊里奇将人们在学校中学习称之为“教育的学校化”，并认为此行为是理所当然的事情。教育一旦学校化，升级与学习就会变得同样重要，不久，人们就会因为有比自己升级更快的人而产生自卑感。另外，脱离学校后，自我学习的时间如此珍贵，大家也都不会再去关注。

伊里奇认为，随着人们在学校接受教育，在学校教育中发现价值的形式，最终甚至连想象力也会被学校化。想象力被学校化的人们，在所有的情景中都不会考虑社会中的诸多价值，而是选择遵从制度和接受专家的服务。在这种情况下，所谓的用功学习不是“学”而是“被教育”，医生进行指示，人们才会注意健康，警察进行保护，民众才能确保安全。不知何时，学习、健康、安全等价值通过本应该实现其价值的制度变成了被提供的服务，人们深信如果服务足够到位的话，就能够实现其价值，于是放弃了思考，把价值的实现委托给专家。伊里奇批判这样的社会为“学校化社会”。

伊里奇认为，要解决这种事态，应该考虑废除学校制度。如今，高中学习已经成为升学和就业的手段，大学的课程也逐渐成为就业对策讲座。我们有必要重新倾听伊里奇对于学校制度的主张——用功学习不是为了“被教育”，而是“学习”。

03

劳动与消费——劳动即是消费

极端地说，对于资本主义社会而言，人类只是单纯的附属物。因为，资本主义社会的主体是“资本”本身。资本产生利润，利润成为资本再产生新的利润——“资本的自我增值”，人类不过是再生产过程中的脆弱介质。卡尔·马克思对这种“近代资本主义”社会提出了根本性批评。马克思认为，对于人类而言，生产等同于劳动。人类为了生存，在自然界进行活动，生产是人类的本质活动，而且，生产活动构成经济基础。马克思着眼于社会的生产方法，批判性地研究近代资本主义社会。

马克思认为劳动手段、劳动技术、生产原料等“生产力”以及“地主—小作坊”“资本—劳动”等“生产关系”，共同决定了封建制度、资本主义的“生产方式”。社会生产力发展到一定地步，就会引发阶级斗争，不久生产关系也会发生变革，生产方式就以这种方式发展。生产方式的发展被视为一个历史运动法则理论体系，并被称为“历史唯物论”。

根据历史唯物论得知，生产关系是社会经济结构的本质，生产关系的总和是社会的“经济基础”。建立在经济基础之上的政治、法律、文化等社会意识形态构成“上层建筑”。经济基础和上层建筑组成“社会构成体”。这样描述社会的理论，乍一看是在阐述生产关系决定了一切，有社会学家认为这个理论是经济决定论。但是，这是误解。政治和文化也会对经济产生影响，历史唯物论更关心上层建筑和经济基础之间的作用及反作用。

在资本主义社会中，很多人必须贩卖自己的劳动力。作为人类本质的生产活动脱离人手，成为资本积累的附属物。马克思对“脱离人类本质”的近代社会劳动形态进行了批判。近代劳动者脱离了与他人、社会及自然的本质关系，逐渐迷失自己。另外，马克思将市场作为对抗性力量合理支配生产关系的现象称为“物象化”并对其进行批判。马克思对近代资本主义社会的根本性批判，即使在今日，也丝毫没有失去重新审视人类与经济之间的关系潜力。

“工作只为购买必需品，其余时间则是自己的休息时间。”任谁都会向往这样的生活方式，但现实往往不会如此。

“时间就是金钱”，经营者和劳动者，人人都在分秒必争地追求利润，但也有人在工作中寻找人生意义和人生价值。德国的社会学者马克斯·韦伯将存在于我们日常生活中的上述精神称为“资本主义精神”。

韦伯认为，资本主义精神来源于禁欲生活。

小知识

马丁·路德(Martin Luther,1483—1546):德国宗教改革者。马丁·路德公开发表指出教皇免罪符的无意义和不正当的“95条意见书”,拉开了宗教改革的序幕。路德呼吁将《圣经》作为基督教唯一的源泉,不仅对新教诸教会,对天主教也产生了很大的影响。

禁欲生活为人们带来了财富,而财富通过再投资,形成了资本,从而人们建立了合理的产业经营机构。至此,资本产生利润,利润再成为资本的“资本自我增值”——资本主义特征及资本主义精神出现。

但是,经营者一旦建立了合理的经营机构,为了持续经营机构就必须要获得利润,在此之前为信仰而进行的职业劳动,现在却为获得利润而成为经济上的强制手段,强迫人们进行劳动,并以获得的报酬决定人们的生活方式。韦伯将通过这种方式形成的资本主义社会称为“近代的铁笼”,他指出,不久以后,“无灵魂的专家”和“无心的享乐者”在我们面前横行霸道的社会就要到来了。

“勤勤恳恳的工作就是人生的意义所在”，听到这种话时，也许有人会很意外。但是对大多数人来说，劳动时间在其一生中的占比非常大，比起为了生活不得不工作，若能在工作中找到人生意义，那是再好不过了。只要参与工作，无论是谁，都会有这样的感受。但是汉娜·阿伦特认为，从近代开始，劳动的价值和意义已经不仅仅是单纯的经济活动了。

小知识

汉娜·阿伦特（Hannah Arendt，1906—1975）：美国政治哲学家。阿伦特作为犹太系德国人，纳粹政权成立后流亡到美国。以流亡体验为基础，阿伦特分析纳粹主义、斯大林主义等极权主义国家的历史位置和意义，深层敏锐地洞察现代世界和现代人精神的危机结构。

在古希腊，劳动是奴隶才会进行的活动，是奴隶为获得满足生存需求的食粮而进行的卑劣行为。在中世纪，劳动也不过是一种谋生手段。但是，到了近代初期的宗教革命时代，马丁·路德宣传劳动是“神召”（天职），是神授予的使命。至此，人们的劳动观发生了巨大的变化。劳动不再是卑劣的行为，而是神给予的荣誉天职。约翰· 洛克甚至主张人对通过自己的劳动而生产出来的东西拥有所有权（私人所有权），卡尔·马克思认为只有在劳动中人类才能实现自我。劳动的地位就此呈现飞跃性的提高。

但是阿伦特认为，劳动地位的提高并不全是值得高兴的事情。由于劳动地位的提高，人们对“政治性事物”的关心逐渐淡薄，行为也逐渐冷淡。也就是说，随着资本主义经济的发展（社会领域的诞生），经济问题成了人们的心头刺，但与此同时，人们对公共领域的关心却逐渐变得淡薄，与其的联系也逐渐变少。

阿伦特基于上述历史认识，将人类为了生存的行为称为“劳动”，将为了达成目的的行为称为“工作”，将自发建立与他人之间的联系的行为称为“活动”，阿伦特对“活动”的评价最高，甚至将其视为“作为人类的条件”。因为，只有人类才会与他人交涉，做出对他人有利的行为。在将人类的生活方式进行如此区分的阿伦特的眼中，囿于经济问题，将人生的大部分时间花在为了“生计”上的生活方式基本上等于放弃了人类这一身份。

虽然我们不像古希腊奴隶那样被强迫劳动，也不能自始至终都在进行活动，但我们需要稍微思考一下，若我们参与公共问题的思考，则多少有一些参与政治的自由。

04 幸福的测量方式

幸福是什么？大多数人心中的幸福应该就是能够拥有大量的金钱与物质，尽情地享受喜欢的事物和服务。但是无论多富有，如果做不了想做的事情，成不了理想中的模样，去不了想去的地方，应该也感受不到幸福。反之，贫穷的人也许依旧能够感受到幸福。阿马蒂亚·库马尔·森批评到目前为止的经济学都是根据收入和消费量来判断人们的幸福与不幸，他认为幸福与生活方式的广度，也就是“理想中的模样”和“能做的事”的选择可能性的大小有关。森将可以进行选择的可能性大小称为“潜在能力”。将“营养足够”“住在安全的地方”“持有自尊心”等，能够开发个人价值的各种状况及行动称为“功能”。森认为，潜在能力是功能的集合。从这种观点出发，森认为幸福与否，取决于发展潜在能力，按照“理想中的模样”和“想做的事情”，能够将自己理想中的状况和行动实现完成到何种程度。发展潜在能力，实际上期望什么、选择什么都是自己的问题，但是森认为，若某个人无法选择已有的功能，社会需要对这种情况进行帮助。

小知识

阿马蒂亚·库马尔·森（Amartya Kumar Sen，1933—）：印度经济学家。森从微观经济学的观点出发阐明贫困的机制，凭借对经济分配、公正、贫困以及饥饿的研究贡献，1998 年获得诺贝尔经济学奖。森的适应偏好、潜在能力、方法等概念在世界上也广为人知。

潜在能力的概念使思考人们是否幸福成为可能。笔者觉得什么对于自己是最好的选择，主观上并没有任何问题。例如，只要接受合适的看护就能够生活得更舒适的人，考虑到请看护的财务负担，选择了更低层次的看护；身体抱恙的人考虑到请假时会有部分的减薪和需要承担的医疗费，而选择不去医院继续工作。在上述情况中，当事人都觉得自己做出的选择是最佳选择，这并没有什么问题。但是将这些情况放在社会层面上思考时，这些选择是否还是最佳选择？长期感到压抑的人，害怕被批评，于是自然而然地降低了自己的期待值。正因如此，森才会促使人们关注自己的潜在能力。人们必须思考，幸福是怎样的，以何种标准判断人们是否幸福。

当然，潜在能力无法通过人们主观评价获得，也不是超越客观事实先天得到的，而是人们通过回顾自己感兴趣的事物，从可选择感兴趣的事物中，得出符合大众判断的应该被发现的能力。

说起“无名英雄”，我们脑海中浮现的可能是像“超人”一样坚强可靠的存在。但是，在很多情况下，“无名英雄”应该是那些在看不见的地方忘我工作的人。而其中有些人处境困难，不得不做自己并不喜欢的工作。例如，在社会底层作为廉价劳动力支撑着经济发展的临时工和兼职人员等，与正规员工相比，他们的工作非常不稳定，不仅薪水低而且被雇用的方式也很不靠谱。这些没有转正机会的人，为了生存下去必须得忍受残酷的劳动条件。社会发展需要稳定的正式员工，更需要零零散散的流动人群。总之，资本主义经济一边强行生产“无名英雄”，一边利用他们获得更多利益。

哲学家伊万·伊里奇将被迫成为“无名英雄”的人称为

“影子工作者”，并将他们从事的工作命名为“影子工作”。他认为，没有家务劳动报酬的主妇，正是为了不给丈夫带来工作上的障碍而在背后默默支持丈夫的影子工作者（最早对家务劳动进行批判性研究的是女权主义者）。伊里奇认为人们自发从事影子工作的社会是一个问题社会，他在1981年出版的《影子工作》中写道：“人们为了参加毁灭自己的行动形成我们现在生活的社会。”他认为请医生看病，接受没有实际作用的教育等都是影子工作。因为这些都是人们原本的独立生活中不需要做的事情。伊里奇对人们发出警告：旨在揭示让人们过上更好的生活的“自助精神”和活动可能促进资本主义经济的发展，让资本主义系统变得更加庞大。

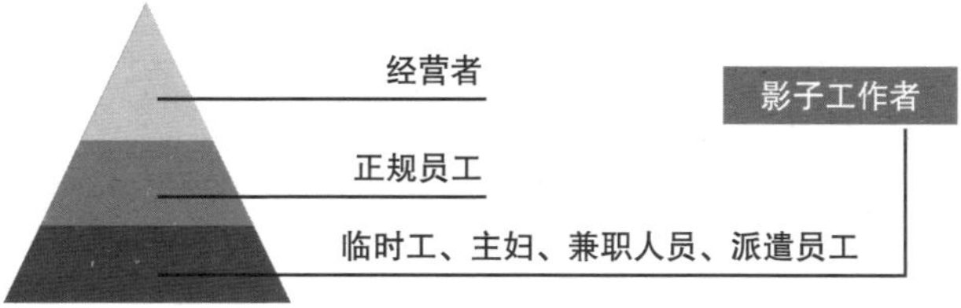

伊里奇说，人们想要真正地“共生”，就必须从一边强迫人们进行影子工作，一边让人们产生自主进步错觉的社会中脱离出来，恢复发展市场经济前的“当地活动”，即独立生活。但是，伊里奇自己并没有拿出具体的解决方案。即使人们应该按照伊里奇所指出的那样去做，但遗憾的是，舍弃现在的生活方式也不是件容易的事。

06 商品被赋予的真心

在职场及兼职工作中，员工都会接受无论何时何种情况都必须以笑容迎接客人的培训指导。无论是多么不合理的要求，员工都要克制自己的反感情绪接待客人。在服务行业发达的现代社会，原本不属于商品的笑容和温暖，实际上也已经成为商品的附属品被销售。亚莉·霍奇查尔德将“发自真心的笑容”“响亮的声音”“明朗的表情”——必须控制情绪的劳动称为“感情劳动”。

小知识

亚莉·霍奇查尔德（Arlie Hochschild，1940—）：美国社会学家。霍奇查尔德开创了“感情社会学”这一新领域，同时，他也是在加利福尼亚大学劳动家庭中心，对围绕女性就业的各种社会问题进行实践性努力的行动家。

即使脱离工作场所，我们也会在其他场合被要求控制情绪，察言观色。在葬礼上即使真的没有悲伤之情也必须假装出自己很悲伤；在派对上要尽可能地活跃。感情劳动是指控制情绪，将感情作为劳动的工具使用。工业机械发达，减少人类的体力劳动；电脑系统发达，减少人类的脑力劳动；只有感情劳动，目前仍是只有人类才能够进行的工作。

感情劳动又分为两种——“表层演技”和“深层演技”。表层演技只需要工作者做出相应的表情。深层演技则与表层演技相反，深层演技要求工作者能够控制真实的情感，注入真心。

很多情况下，服务行业都要求深层演技。对接受服务的一方来说，感情劳动只有一次，而对提供服务的一方来说，感情劳动是反复进行的业务。即使用真心服务客人，偶尔也会出现面无表情服务的时候。重复劳动时，用心服务的工作给提供服务的一方带来了很大的负担。若负担过重则身心俱疲，精力被燃烧殆尽。为避免出现这种情况，工作者会将深层演技切换到表层演技，但这样做工作者反而会觉得自己像个机器人，产生负罪感，并没有减轻自己承受的精神负担。

霍奇查尔德说，随着从事感情劳动的机会增加，人们开始认为相应工作者应该恢复到自然地表达“真正的感情”的状态。但是，社会的感情规则很宽泛，对于什么是“真正的感情”并不能一概而论。更值得我们考虑的是如何合理调整生活状态以免精力燃烧殆尽，产生罪恶感。清楚自己的想法，明白自己所处的境况，寻找能够倾诉工作压力的朋友，这些事情比其他任何事情都重要。

07 跨越经济的经济学

1970年后，世界经济进入不景气状态，这一时期被称为“低成长时代”。为什么会出现这样不景气的经济状况？这是无法避免的事情吗？

以亚当·斯密为代表的古典经济学派认为，经济会根据供需平衡自动调节。供求过剩则价格降低，供求不足则价格上升，经济由“看不见的手”进行自动调节。与此相对，约翰·梅纳德·凯恩斯的经济学理论（凯恩斯主义）认为，政府必须介入市场维持经济稳定。上述两种观点是经济学的主流观点。

直到20世纪70年代，政府按照凯恩斯主义经济学介入市场，才维持了经济的稳定。但是，在随后的尼克松冲击（黄金与美元停止交换）和第一次石油危机中，仅凭政府介入已经无法维持经济稳定。

基于以上事实，米歇尔·阿格里塔和罗伯特·博耶等人呼吁有必要分析劳资关系、竞争形态、国家形态、国际体制等“制度形态”，提出了“规制理论”。

小知识

米歇尔·阿格里塔（Michel Aglietta，1938—）：阿格里塔毕业于巴黎综合理工学院，他不仅是巴黎第十大学教授，法国代表性金融、货币问题的专家，同时也是规制理论派的创始者。

小知识

规制理论：“规制”是“调整”的意思。规制理论具有20世纪70年代法国马克思主义经济学再生运动的一面，是战后资本主义制度的特征，提倡福特主义及后福特主义。

规制理论不仅要分析给企业生产活动和人民消费带来经济稳定增长相关的社会关系（积蓄体制），还要重点分析支撑生产和消费的各种政治、社会制度（调整方式）。规制理论的新颖性在于其分析的调整方式涉及的领域很广泛，不仅包括行政、政治制度，还包括学校、媒体等价值体系。

根据阿格里塔的说明，从20世纪20年代到20世纪60年代，积蓄体制的中心是以高工资、非熟练劳动为特征的科学管理法（福特主义积蓄体制）；调整方式的前提是市场自由竞争（竞争调整方式）。但是，对于全体社会而言，工人的工资被压得很低，因此，高效生产出的大量商品无法卖出去，最终迎来了大恐慌。第二次世界大战后，政府介入市场采取措施干扰经济运营，对年薪和医疗保险等制度进行了调整（垄断调整方式），提高生产率的同时调整工资上涨，创造了前所未有的经济高速增长史诗。

以此分析为基础，阿格里塔他们认为，如今资本主义经济危机的原因在于生产率已经达到了极限，且满足工人的工资要求以及维持积蓄制度的成本超过了所获的利润。

08 福特主义

20 世纪初，美国人亨利·福特设计出一套全新的生产系统——福特系统，使汽车生产彻底简单化、规格化、合理化，实现了前所未有的大规模生产，不仅革新了汽车生产模式，也让“大量生产、大量消费”的时代体制——福特主义，以及法国的规制学派经济学者受到关注。

规制理论认为福特主义在 20 世纪 70 年代衰退。此后，社会从“大量生产、大量消费”的时代进入“多品种、少量生产”的时代，因此又被称为“后福特主义”时代。

后福特主义的重要论点之一是特殊劳动者类型和创造新劳动形式。在大量生产的时代，劳动形式大致分为构想（企划）和执行，劳动者进行的基本上是简化、细分的简单劳动。但是后福特主义的生产方式是以满足个性化需求为目的，以“在必要时间进行必要生产”为目标，弹性工作方式为劳动形式，要求完成目标、构想企划和执行任务。

上述的变化可能会使劳动者不再持续进行工厂里的简单劳动，而是让劳动者在工作中朝着实现包含自我价值在内的生存价值的方向发展，即“劳动人性化”。例如，能够在劳动现场看到的质量控制圈——以自我启发及互相启发为标准，以提高产品质量为目的，以后福特主义为根基，劳动者自发形成的品质管理小组。

但是另一方面，后福特主义不一定能为劳动者提供良好的劳动环境。实际上，在现代劳动现场中，管理者在重视个人创造性的同时,更看重劳动者和求职者是否具有较高的沟通能力、较强的身体素质以及顽强的意志力。另外，由于这种雇用方式实行“在必要时间进行必要生产”的弹性生产体制的“弹性雇佣”，导致大量的非正规雇佣者涌现，引发社会问题。

09 我们想要购入的意义

“想要这个，想要那个”的欲求，真的是我们自身的欲求吗？大多数情况下我们都已经拥有了想要的商品或具有相同功能的商品。有衣物，就得有鞋子，还要搭配几个包包和首饰。这样我们就会同时拥有多个具有相同功能的商品，但即使如此，我们依然希望购买拥有同类功能的新物品。这是因为，在我们的现代社会生活，消费理念早已不是只购买具有使用价值的商品了。

非必需消费，一方面可以促进生产，成为提高技术，丰富人们生活的原动力；另一方面，也是侵吞资源、妨碍人们日常生活的主要因素。虽说购买非必需品是我们的个人行为，但带来的影响却远超过人们的想象。“远超过人们的想象” 是指所带来的影响并不局限于行为所带来的相应结果。消费欲求是个人欲求，为什么带来的影响却远远超过我们的本意？例如，“流行”现象就很明显地呈现出上述特征。欲求在市场中不断产生，激发着我们的消费欲望。“想买”的欲求完全不同于我们的生理欲求，它是基于其他原理产生的。

法国思想家让·鲍德里亚，将欲求与消费无限循环的社会称为“消费社会”，在这个社会中，主人公已不再是我们人类。我们是“成为消费力量的个人——新型奴隶”，不过是推动消费社会运转的齿轮而已。他认为，在消费社会中，我们想要购入的是“意义”。所有商品都具有意义，这些“商品”作为显示意义的“符号”存在于消费社会中。意义不是商品本身所具有的性质和属性。商品所拥有的意义是指不同产业性生产的商品之间的差异。让·鲍德里亚认为我们消费的不是商品的物质性，而是商品之间的差异。

小知识

让·鲍德里亚（Jean Baudrillard，1929—2007）：法国社会学家。鲍德里亚在结构主义、符号论的影响下，考察关于符号的事物。他阐述了作为批判原理的象征交换，分析了去工业化时代的消费、再生产的情况。

为什么我们要购买非必需品？因为通过拥有显示差异的商品，可以给我们自身附加上意义。但是，我们真的获得了差异吗？煽动寻求差异的消费欲望后，再购买等质性物品还是没法从中获得差异。

10 将一切模式化

你在便利店买东西时，会与店员进行怎样的对话呢？除了说“是的”“不是”“谢谢”，还会说什么？是不是一时之间想不到回答？

我们现在可以只通过最简单必要的对话，甚至不需要对话就可以买到想要的东西。只要商品的包装相同，内含物相同，那么价格也相同。家庭餐馆和快餐店也同样，只要是同一系列的连锁店，那么在任何时间、任何地点，分店店家都会提供相同品质的商品、相同的服务。总之，我们知道世界上存在规格，商品和服务才会保持一定的水准。因为规格，所以只要使用过一次该商品或接受过一次该服务后就没有必要每次检查该商品和该服务，店员也可以由此获得消费者的信息，从而将接待客人的劳力降到最低。因此，即使消费者不与店员对话也能完成购物。但是这样下去，店铺之间的差异会逐渐消失，无法在激烈的竞争中获胜。因此，为了给消费者留下好印象，促进消费者来店，多数产业的所有业务全都彻底模式化，店员与消费者之间的交流也都广泛地呈现出规格化倾向。读者也一定听过“欢迎光临”和“是的，很高兴为您服务”等老套的服务语。像这样，原本是为了让人际关系更加顺利而导入的指南管理，现在却含有不少蔑视个体人格和主体性的意味。

美国的社会学者乔治·里策认为世界上大多数商品都是按照规格生产，因象征此种美国文化的快餐店名为麦当劳，便将此种现象命名为“麦当劳化”。他认为，麦当劳化现在已经渗透到了教育、医疗、新闻报道、商界等社会所有领域，并列举出其四个特征——“效率”“可计算性”“可预测性”“无人化”。

小知识

乔治·里策（George Ritzer，1940—）：美国社会学家。他指出麦当劳的经营理念及其象征性的合理化渗透到了现代社会的各个地方，并将其命名为麦当劳化。

里策警示我们——马克斯·韦伯曾批判性地指出了近代特性（合理化）的非合理性，即由于合理化过度发展，导致发生了对人类而言不合理的事态，现代社会，生产与消费都仍在发展，人际关系也变得肤浅又短暂。

04
城市与犯罪——城市是实验室

近代，农村逐渐解体，城市吸收过剩人口，产生了无数的劳动者，这种社会现象增加了社会的不透明性。为了研究上述问题，需要专业化、系统化的社会科学，社会学就是其中之一。城市人口集中和城市圈扩大不久也会使人们的生活方式发生变化。

但是，“城市”是什么呢？路易斯·威尔斯认为，城市是“高异质性、大规模、高密度人口的集聚点”。另外，皮特林·索罗金也尝试将城市与农村进行比较。例如，在农村中，农业从事者较多，人口流动性低，与特定人群接触较多；另一方面，在城市中，工商业从事者较多，人口流动性高，与不特定人群接触较多。

随着农村衰退，研究者们不再将农村与城市进行比较，而是着眼于城市自身的功能。铃木荣太郎认为政府、企业、文化团体等，各种各样因为社会交流而存在的“结节机关”成了城市的特征。越是高级的城市，结节机关也越高级，高级城市与低级城市通过机关进行垂直联系。欧内斯特·伯吉斯着眼于大城市的商业地区、工业地区、住宅地区等分区，主张城市的“同心圆地带论”。城市的中心部分为中央商业地带（企业、银行、百货公司、商业街等），紧挨着的是过渡地带，由企业和工厂组成，更外一层的是工人住宅区和高收入者的住宅地带。城市地区的形成发展是经济分工和互相竞争的结果。

小知识

欧内斯特·伯吉斯（Ernest Burgess，1886—1966）：美国社会学家，芝加哥学派的代表人物。特别是人类生态学地域结构研究的“同心圆地带论”，作为先驱研究者，伯吉斯受到了很高的评价。另外，他率先进行家族和社会解体的相关研究，主张家族将从“制度转变为友爱”。

城市的地区形成发展产生了“中心区”和“郊区”的问题。在中心区，企业和工厂的搬迁比较频繁，住宅区也往往都是贫民住宅区。因此在中心区，失业率高，住宅环境恶化，犯罪和违法事件多发，容易发生少数族群问题等。另外，如果交通便利，城市圈扩大，人们就会从远离市中心的郊区到市中心上班。20 世纪 60 年代时日本经济高速增长时，进行了大规模的郊外开发，同时大量人口流入，进而形成了新的生活方式。但是在其背后，产生了旧住民和新住民的对立、地域共同体的解体、主妇们育儿负担过重等问题。各种各样的人群拥入城市，导致社会问题尖锐化。上述情况应该会持续很长一段时间。

某个社区的垃圾场被动物或外来人弄得一团糟，为了解决这个问题，当地的居民聚集在一起，分发垃圾网袋并进行巡逻。读者应该听说过类似这样的事例。住在一定区域的人们因为某些情况而被迫形成一种组织，这并不是罕见的事情。罗伯特·麦克利弗将在某种程度上拥有共同意识且生活在相同区域的人群称为“社区”，将在社区中关注共同事物、拥有共同目的、有意识形成的团体称为“社会团体”。

小知识

罗伯特·麦克利弗（Robert Maclver，1882—1970）：美国社会学家。麦克利弗以关心和态度的概念为基础，基于社会行为论和社会关系论，建立了社区、社会团体、社会群体的类型概念。

居委会、学校、NPO（Non—Profit Organization）都是持有特定目的的社会团体。企业也是持有获得更多利益目的的社会团体。家庭是在相同区域共同生活，因此可以将其作为社区，家庭也有“养育孩子”的共同目的，因此还可以作为社会团体。在邻里关系淡薄的现代社会中，社区在人们心中的印象很模糊，也可能出现通过居委会等社会团体才初次意识到社区存在的这种情况。

麦克利弗认为，随着社区的扩大，各种各样的人群之间开始相互联系，社会团体从中诞生，并各自承担社会功能。他认为，国家也是社会团体。对我们来说，国家经常是不言自明的存在，因此我们可能往往认为国家是拥有共同意识的人群共同居住的社区。但是麦克利弗认为，先存在人群居住的社区，然后人们为了满足政治需求才组建形成了国家。

这样看读者可能会觉得麦克利弗是在赞赏社会团体。但是，在他生活的 20 世纪前半期，福利国家开始出现，国家介入人们生活的各个方面。也就是说，麦克利弗其实是将社区和社会团体进行了区分，通过强调国家作为社会团体的一面，对社区进行维护。

如今，社区这个词语，与“共同体”不同，其语意多为褒义。但是，其内核可能已经不再是麦克利弗所设想的不言自明的存在了。

皮埃尔·布迪厄认为，人类的财产有三种：第一种是金钱等经济资本；第二种是教养及良好习惯等文化资本；第三种则是作为人脉及信赖的社会关系资本。金钱、教养、人脉，这些资本可以使个人生活更加富裕，但社会关系资本是在升学、就职或者想要在社会上获得较高地位时，方才显得尤为重要的资本。

从社会关系资本也是社会财产这一观点出发，詹姆斯·科尔曼将社会财产分成以下四类：公共基础设施类等物质资本、金钱等财产资本、个人知识及技术的人力资本，以及以人脉和信赖为基础，促进人们之间彼此协作的社会关系资本。

小知识

詹姆斯·科尔曼（James Coleman，1926—1995）：美国社会学家。科尔曼是第一个使用“社会资本”这个词的学者，他以合理的选择理论为基础致力于研究社会学的体系化，集其大成的“社会理论的基础”受到了极大的关注。

按照科尔曼的分类方式，罗伯特·D. 普特南再次指出社会关系资本的重要性。普特南根据在意大利进行实证的研究指出，社会关系资本包含“信赖、互惠的价值规范、社会网络”这三个方面。即对地区里其他人员的信赖，帮助他人就是帮助自己的规范意识，跨越家庭和亲族的人际关系网。通过上述三个方面维系强化社会纽带，从而使社会及个人生活更加富裕。另外，他还指出，社会关系资本是健全民主主义功能的必要条件。

在社会学中，有一种研究报告是通过多角度分析调查个人或小集体的生活和社会制度后写成的。最广为人知的研究报告应该是“芝加哥社会学派”的“芝加哥研究报告”。在1862年创建的芝加哥大学社会学系，以拥有大量移民的芝加哥为研究对象，撰写出许多优秀的研究报告。

19世纪50年代的芝加哥，增长的人口中大约一半是移民。许多移民居住在一起，这时的移民主要信奉新教，以英语为母语。在19世纪90年代，又来了一批信奉其他宗教并以其他语言为母语的移民。20世纪20年代，移民开始受到法律限制，但依然有拥有各种文化背景和社会背景的人群移居到芝加哥，产生了多条移民街。各种移民街的居民，因人种及宗教问题产生冲突。

不仅如此，旧移民与新移民之间也纷争不断。在芝加哥，存在贫困、犯罪、青少年行为不良等诸多社会问题。芝加哥学派将“社会解体”的芝加哥的状况视为“实验室城市”，研究持有不同语言和价值观的人们，在这种环境下如何建立新社会秩序。

芝加哥学派的中心人物罗伯特·帕克和欧内斯特·伯吉斯认为社会是通过“竞争→斗争→适应→同化”阶段进化形成的。社会过程的进化阶段是芝加哥学派对芝加哥城市的展望。即他们认为芝加哥移民经过各个阶段，最终被同化为美国国民，并建立新秩序。芝加哥学派的展望据说受到了格奥尔格·齐美尔的影响——研究通过心灵相互作用形成社会的过程。

小知识

罗伯特·帕克（Robert Park，1864—1944）：美国社会学家。帕克强调科学、实证、实践性社会学，在建立芝加哥学派的传统上起到了中心作用，与此同时帕克还建立了人类生态学的理论，作为科学城市社会学的创始人而广为人知。

接受了帕克和伯吉斯的指导后，芝加哥各地区的研究者们，一边对混乱的社会状况进行研究分析汇总，一边努力地将其研究成果运用到芝加哥的政策制定上。他们不仅描写出芝加哥的社会状况，还想方设法使芝加哥的特殊状况一般化。因此芝加哥学派很快就认可了哥伦比亚大学设计的数量调查，并对此产生了兴趣。对科学实践调查持有高度兴趣，可以说是社会学的显著特征。

05 礼节性的冷漠

某天你出门去附近的商场购物，乘坐公交车到达目的地，找到了中意的衣服，购买后立即兴奋地回家了，明明什么都没做，到家后却感觉很疲劳。像这样，不到一小时的旅程中，你完成了无数件事情，即社会学家所说的社会相互行为。

社会相互行为是指我们推动周围人，同时也反过来被推动，然后再做出反应的一系列过程。社会相互行为是由各种场合下微不足道的细微作用积累而成的。从微动作到微表情，所有的一切都与其相关。有趣的是，社会相互行为也包含着“漠不关心”。实际上，社会学家欧文·戈夫曼提倡“礼节性的漠不关心”的行为方式。

小知识

欧文·戈夫曼（Erving Goffman，1922—1982）：美国社会学家。戈夫曼是将社会上的一系列相互行为作为人们互相意识到彼此并互相表演的过程来进行分析的拟剧论的倡导者。在其著名的《污名：受损身份管理札记》中论述了带有污名（烙印）的人们的行为举止。

乘坐公交车时，准备观看景色的你，不小心和对面座位的男性对视，你慌忙地移开了视线，假装漠不关心。因为如果一直盯着对方看的话，会很失礼。也许是松了一口气，你的肚子突然咕噜咕噜响了起来，你不由得脸红，还好谁都没有发现。不对，其实应该是大家听到了，但此时绅士淑女都应该会礼貌性地装作漠不关心。大家可能都有这样的情况，也会遇到嘲笑讥讽的人，希望未来有人能够教给他们一些社会常识。

至少作为成熟的公众，应该经常向偶然在场的陌生人传递“我对你不关心”的信息。这种礼节，即礼貌性地漠不关心，与为了表示对对方的厌恶和蔑视而进行的无视，具有根本意义上的不同。在这里所演绎的漠不关心，是为了表示不怕对方，没有敌意，保住对方的面子，尊重对方。这是我们作为公众一员必须掌握的重要行为之一，虽然这种行为并未被明文要求，但其实已成为不成文的规定。

从生活者的角度来看，生活中并没有发生什么特殊的事情，但从社会的角度来看，生活就变成了每天都会发生无数件事情的电视连续剧。在极为熟悉的日常生活中，能够以与以往不同的形式重新相遇，这无疑是社会学的一大魅力所在。

06 歧视与偏见

20 世纪 60 年代，美国黑人解放运动及非裔美国人民权运动正在如火如荼地兴起。美国人民进行了各种各样的努力，为了消除对社会弱势群体，如黑人及女性的偏见和歧视。受当前社会形势的影响，社会学也在讨论关于社会弱势群体自身存在问题的歧视和偏见。

1963 年，欧文·戈夫曼在出版的《污名：管理受损身份的笔记》中用“污名”（烙印）的概念说明歧视和偏见。污名原本是表示罪人、奴隶、家畜的烙印、刺青等。而戈夫曼将其用来表示产生歧视和偏见的社会关系。

例如，脸上有大伤疤的人，即使“脸上的大伤疤”是无可争议的事实，但这本身并不是一个污名。但如果周围人因为这个人的“脸上的大伤疤”而感到害怕并且避开他，那么这个人与周围人之间的关系就是污名化。戈夫曼说，污名被暴露的人，原本也觉得被大家孤立的这种人际关系是不正常的，但不久后也就接受了“非正常人”的否认性身份认同，变得更加独来独往。

霍华德·索尔·贝克尔在1963年出版的《Outsiders》中，也同样论述了社会关系产生歧视与偏见。贝克尔认为并不是犯罪、不良行为、吸毒等违反社会规范的行为让一些人成为越轨者，而是由于周围人给这些人贴上了“越轨者”的标签，才产生了越轨者，这就是“标签理论”。

小知识

霍华德·索尔·贝克尔（Howard Saul Becker，1928—）：美国社会学家，属于芝加哥学派。贝克尔因作为标签理论的提倡者而广为人知。

例如，给不服从管理的学生贴上“不良学生”的负面标签，于是这个学生周围的人际关系开始发生变化，自我身份认同也随之开始发生变化，最终真的变成了不良学生。

社会通过越轨标签创造越轨者的这个想法将研究者的目光转向了“什么是越轨”。越轨行为本身根据社会和时代的不同而不同。世界上存在无论年龄多大，饮酒即是越轨的国家。但是，在很多国家只有未成年饮酒的行为才是越轨行为。

戈夫曼和贝克尔都认为歧视和偏见是在社会关系中产生

的，接受了歧视和偏见的人，其自身的自我身份认同也会受到影响，因此，我们应该多帮助社会弱势群体，并重新审视带有歧视和偏见的社会。

07 存在犯罪事件是社会正常的证明

犯罪事件少是好事，这会给公众一种社会十分安全的感觉。一般来说，对于为了抑制犯罪，并迅速打击犯罪行为所做努力的人，公众应该表示敬意。但是社会学者从社会的整个层面上来看，得出了这样的理论——“犯罪其实是对社会有益的”。

社会学者埃米尔·涂尔干说，零犯罪事件的社会不存在。不仅如此，甚至存在一定的犯罪率，才能表明这个社会是正常的。确实如此，如果一个社会的犯罪率为零，这并不意味着社会中没有发生犯罪事件，而是约束犯罪行为的警察机关严重渎职。总之，犯罪事件存在于每个社会。

另外，涂尔干强调，犯罪案件可以提高社会道德水平和促进法律修改。新型犯罪案件可以促进制定新的道德规范和法律规定。不管是否如此，使用新信息技术的网络犯罪正是制定新道德规范和法律规定的契机。

社会学者罗伯特·金·默顿用“潜功能”这个词语很好地概括了犯罪行为促进社会变化的现象。根据默顿所述，某个人物行动时所产生的作用或结果与预期相符合，则将此称为该行为的“显功能”。相反，如果该行为产生了当事人意想不到的作用或结果，则将此称为该行为的“潜功能”。例如，某个能力强的程序员攻击某个著名企业的电脑，这件事引发社会关注。一方面，得到社会关注是通过该行为的显功能而产生的；另一方面，也由此引起关于网络犯罪的广泛讨论，政府出台应对新型犯罪的法律规定和管理方法，这就是该行为所带来的意想不到的结果，即潜功能产生的结果。

小知识

罗伯特·金·默顿(Robert King Merton，1910—2003)：美国社会学家。默顿的理论主张以全社会为研究对象，他因连接通过调查获得的经验命题和宏大理论的“中程理论”而广为人知。

社会学家经常谈论的犯罪是社会正常的证明，犯罪对社会有益等说法，身为普通民众的我们其实比较难以接受，但这也正是社会学的趣味所在。

08 全方位监视人的一生

不管是家庭、学校、工厂、医院还是监狱，社会学一直以严厉的目光注视着这些于近代发起的社会组织。因为这些组织看起来像是在支撑着我们的生活，但同时也让我们依附于社会。例如，学校教育一方面培养我们成为有用的人才，另一方面，也在训练我们自发地遵从社会秩序（规律训练）。

现在我们已经知道这些近代产物，在各个方面都陷入了功能不全的状态。如果是这样的话，社会学者之前所担心的事情已经成为过去了吗？回答是否定的。哲学家吉尔·德勒兹认为只是“规律社会”向“管理社会”转变，之前的问题并没有解决。

小知识

吉尔·德勒兹（Gilles Deleuze，1925—1995）：法国哲学家、哲学史家，他以独特的视角解读了休谟、斯宾诺莎、伯格森、康德、尼采、福柯等众多哲学家的观点，并在创造出新的独特概念的同时展开了自己的思想。除此之外，德勒兹在文学、绘画、电影理论上也留下了诸多成就。

在规律社会中，人们有一段时间会被限制在家庭、学校、工厂、医院、监狱等封闭环境中，在那里持续活动，并自发地遵从秩序，成为这些组织的附属物。但是，这只是特定时间内的活动状态，从家庭中独立、从学校毕业、调职及解雇、出院、出狱后，这种状态就会结束。但是在管理社会中，教育是从学校开始的，医疗是从医院开始的，监视是从工厂和监狱开始的，以终身教育、护理、在家看护、市场营销和监视摄像头的形式，永久地监视着人们的整个人生。在管理社会中，人们一生都在接受教育，过着遵从医疗理论的生活。

德勒兹认为，现代管理的特征是将人类作为数据集成进行处理。在规律社会中，人作为个体被标准化的同时，也作为由个体构成的群体被控制。但是在管理社会中，本来是“不可分割”的个人（Individual），被分割（Division）为通过监视收集到的碎片化数据，以数据库的形式被管理。在信息技术的支持下，人们一生都在被管理。

德勒兹认为管理社会的到来是危险的，并警示人们应该摸索抵抗管理社会的方法。在过去的规律社会中，人们通过罢工的方式表示抵抗。在管理社会中，可能存在黑客使用信息技术或是新型电脑病毒进行抵抗。但是，目前看来，人们尚未掌握抵抗管理社会的方法。

09 监视社会

你对“监视社会”这个词语有什么印象呢？可能首先想到的是城市中无处不在的监控摄像头吧。虽然被监视总有一种不好的感觉，但是通过监控可以逮捕小偷、杀人犯等，这么想的话，在公共空间里被略微拍摄一下也是可以忍耐的事情。

但是，据大卫·里昂所说，现代监视社会的实际监视情况远超过我们的想象。里昂将“监视”定义为“不管能不能确定个人身份，都会对收集到数据的该人产生影响，以管理该人的行动为目的，对个人数据进行修正、处理的所有行为”。按照这个定义，这就意味着不仅仅是监控摄像头的录像，还有很多个人隐私都在“被监视”中。例如，在购物网站上的姓名、年龄、住所、电话号码，邮件地址、信用卡卡号、管理健康状态的病历等都是监控社会监控的内容。

小知识

大卫·里昂（David Lyon，1948—）：加拿大社会学家。里昂是监视社会论的代表性论客，论述了随着信息技术革命而发展的监视社会化，以及由此产生的权力组成的存在方式。除此之外，他还涉足了后现代宗教论等领域。

特征是现代社会以信息技术为基础，进行监控的同时也伴随着“身体消失”。监控技术，不是以我们活生生的身体而是以碎片化的个人数据为焦点，通过保存、核对、修正、处理、买卖、流通间接地进行监控，正因为如此，才可以更加隐秘地、更加确切地影响我们。另外，在同一过程中，监视具有管理和照料两个功能，这一点也很重要。实际上，我们虽然有一些抵触情绪，但将自己的个人数据提供给某些组织，是因为我们认为可以享受到等价成本的服务（照料）。为了抑制犯罪，获得安全、安心的生活，我们允许监控摄像头的存在。因为提交个人信息可以打八折，所以也把个人信息交给了快餐店。因为可以不用在窗口排队几小时，所以允许对户籍和身份证进行电子管理。安全、安心、舒适是非常有吸引力的价值，所以我们常常用可以牺牲的不被监视的自由为代价去追求它。

当然，大多数人认为这样挺好的，但是这有时会成为政治上、伦理上的问题。认为不被监视的自由要优先于安全、安心、舒适度的人会因为拒绝提供数据而被社会排斥，又因为担心被社会淘汰而选择了顺从，因此这种人会有很明显的压抑感。监视社会的理论给我们抛出了一个围绕自由开展的重大问题。

10 不安和被排除的连锁反应

听到“社会差距”一词时，人们对经济状况的不安就会被煽动起来；看到有关恶性犯罪的报道时，实际存在（存在论）的不安就会被煽动起来。相关报道总是会让我们不断地想起“生存食粮”和“自己的尊严”会受到威胁这一点。沉浸在不安中的我们，往往已经不去考虑报道的虚实了。尽管数据已经显示犯罪率不再上升，社会差距问题不再严峻，但人们的不安并没有因此得到平息。“也许还会变成那样”的模糊预测，加剧了人们心中的不安。因此，我们开始采取“谨慎、精打细算、圆滑处世、保险统筹的态度”。每个人都努力地守护着自己安稳的小世界。即使他人的处境与自己相同，甚至比自己更不幸，一旦自己安稳的小世界出现了障碍，自己就会对他人进行强烈的谴责。

社会学者乔克·扬将这种社会称为“排除型社会”。他认为，在20世纪70年代之前，社会以欧美为中心，那时的社会还是积极地接受各种各样的人作为劳动力的“包容型社会”。但是，随着从生产型社会转变为消费型社会，人们生活的重心也在改变，社会也慢慢从包容型社会转变为排除型社会。为什么随着消费成为生活的中心，社会就会由包容型社会转变为排除型社会呢？从扬的主张中也许可以得出结论。

小知识

乔克·扬（Jock Young，1942—）：美国社会学家、犯罪学家。扬以犯罪问题为中心，在社会上积极活动。在最近出版的《围绕犯罪和处罚的新政治》一书中，扬严厉地批判了尽管犯罪率已经稳定下来，但政府仍进行过多的犯罪控制，对新劳动阶级采取排除性政策的社会现状。

随着经济高速发展，人们富裕起来，几乎每个人都生活在相同的环境中，差异及多样性逐渐带来价值，即拥有不同的物品，吃着不同的食物，过着不同的生活，想要活出“自己的风格”的欲求。这种欲望带来了与包容型社会相关联的两种变化。第一种变化是共同价值相对化，促进多元化价值发展。第二种变化是，人们重新审视大量生产模式，社会更加需要的是拥有独特创造力的人才，而不是容易被取代的劳动力，因此导致雇佣关系不稳定。一方面，意志坚定、能力强大的人在雇佣关系不稳定的社会中能够相对容易地生活下去；但另一方面，对很多人来说，在雇佣关系不稳定的基础上，同时失去了共同价值，那么人们就会很容易产生不安。于是，处于不安中的人们为了确保自己的利益而变得对他人不友善，同时为了逃避现实中的不安，开始尝试通过排除异己来提高自己所属群体的价值。我们现在的课题是阐明社会是如何形成新形态社区、实现雇佣关系的稳定化、报酬分配透明化等问题。

05

政治与权力——所谓政治就是日常的举止

01 依赖『权威』就不会出错吗？

统治者应该怎样做才能统治社会中的大部分人呢？最简单的方法是拼腕力。如果只是用粗暴简单的方式来威胁命令他人，人们也许会暂时服从，但长期下去就会招致服从者的反感。对统治者而言，维持人们勉强服从自己的统治也需要付出相当大的代价。只有被统治者自发地服从命令，人类社会的统治才能够持续稳定地维持下去。那么，在什么情况下被统治者才会自发地服从命令呢？

德国的社会学者马克斯·韦伯将得到人们自发服从的统治秩序称为“正统统治”，并将其分为三类：第一种是通过“必须遵从传统秩序”的理由获得人们的服从（传统型统治）；第二种是通过“必须服从大家制定的经过正当流程后做出的决定”

的理由获得人们的服从（法理型统治）；第三种是因为服从者觉得“他是一个很厉害的人”，而对某个特定人物产生了敬佩之情和情绪上的依赖，从而自发地顺从（魅力型统治）。其中，最合理的是法理型统治，近代社会中的统治类型都是法理型统治。历史上统治的形态基本上是从非合理的传统型统治及魅力型统治转变为法理型统治。但实际上，近代社会中的统治也混杂着一些传统型统治（非合理统治）的要素，如“听从年长男性的话”，以及魅力型统治（非合理统治）的要素，如具有压倒性人气的政治家的出现。这三种类型的统治，展示了历史的发展过程，同时也是捕捉“混杂状态”的标准（理念型）。

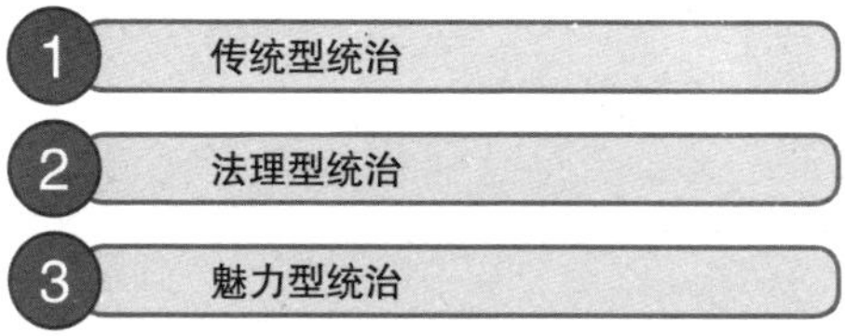

统治的三种类型

根据这三种类型的统治，韦伯提出了一个问题——近代是什么。在此背景下，韦伯批判了“铁笼化”的近代。对韦伯而言，魅力型统治与其他两种统治不同之处在于，它是一种特殊的统治。之所以这么说，是因为给机械化、石化的社会带来变革，给僵化的人类注入生命的正是魅力型统治。这种“非日常性”正是传统型统治及法理型统治都没有的特征，除此之外，“危险性”也是魅力型统治的特征（魅力型统治的危险性可以从阿道夫·希特勒身上窥见一二）。然而，随着时间的流逝，魅力型统治的非日常性会不可避免地转变为日常性，或是变回“官僚体制”（魅力型统治的日常化）。

02 没人情味的效率性

想要做出大事业，就必须成立一个高效运营的组织。只要是多人朝着共同的目标努力，那么这个组织体系基本上就会呈现出上意下达的金字塔形状，即“官僚体制”。

德国的社会学者马克斯·韦伯将近代的官僚体制与古代的官僚体制（家产官僚体制）进行了区分， 指出了两者的重要区别。在家产官僚体制中，君主与官吏是主从关系，官吏的任命、罢免，甚至是生命都掌握在君主的手中。而在近代官僚体制中，人们可以根据自己的意愿通过签订协议而成为官吏。即近代管理体制中的官吏依法上任，被法律保护。

例如，在古代的家产官僚体制中，官吏每月接受固定的月俸，月俸金额取决于君主的心情，有时甚至会没有月俸。而近代官僚体制并不是通过官吏对君主的忠诚和畏惧而是通过规则和法律（公平且不需要人格上的忠诚等特性）得以维持。因此，近代官僚体制比家产官僚体制更加稳定高效。

但是，美国的社会学者罗伯特·默顿指出，近代官僚体制不仅有效率高的一面，也有效率低的一面。例如，遵守规则这本是一优点，但如果官吏过于死板，就会优先选择维持官僚体制本身（官僚体制的反功能），而不会选择达成官僚体制的原本目的——提供服务。另外，值得一提的是，韦伯本人从没有称赞过近代社会中的官僚制度。他警示人们，这样的社会是一个只会批量性生产同一个模子里刻出来的人类的机器，这种社会会矮化人类的生命。因此近代官僚体制的功过问题便与我们应该如何在近代社会中生存的问题联系在一起了。

小知识

西里尔·诺斯古德·帕金森（Cyril Northcote Parkinson，1909—2003）：英国历史学家、政治学家。他主张运用帕金森定理处理官僚组织的不合理性，并指出，即使官僚组织创造了无用的工作，也能够继续维持下去，因此官僚组织有臃肿化的倾向。

03 无法忍受自由的人们

子女是否要升学？学生毕业应该选择怎样的职业？房子应该盖在哪儿？儿女到了年龄是否要结婚？在传统社会中，并不是每个人都拥有选择权，因此，这些问题被社会现实所限制。一方面，农村的孩子理应成为农民，继承家里的“一亩三分地”，结婚也理应由父母一手操办；另一方面，我们生活的近代社会基本上已经从旧俗束缚和传统禁锢中解放出来，在这个层面上，可以说我们是自由的、拥有选择权的。许多人虽然向往“古代”，但他们从没想过要放弃现有的自由而马上回到传统社会中去。不过回顾历史就会发现，的确存在主动放弃自由而选择遵从权威的人，比如，支持纳粹独裁主义的狂热分子。这难道只是一时的狂热？又或者只是例外事件？又或者是这些狂热分子失去了人类追求自由的本性？

德国出生的社会心理学者埃里希·弗洛姆回答道：“都不是。”他主张自由本身就是产生盲目服从权威人格（权威主义人格）的原因。

小知识

埃里希·弗洛姆（Erich Fromm，1900—1980）：德国出生的社会心理学家。弗洛姆提倡将精神分析法而不是个人精神分析论应用于分析社会现象的社会心理学，是新弗洛伊德主义的代表人物。

确实，每个人都渴望从传统的束缚中被解放出来，获得自由。但获得自由的同时，也意味着切断了人们之间的羁绊。如果，在获得自由的时候，也能找到利用自由的目标的话，那这个人应该就会歌颂自由。但是，如果获得自由的同时并没有找到利用自由的目标，就会感到不安和孤独。对于这种人而言，自由就只是一种重担，他们只想尽快从这种不安的自由中解脱出来。此时，这些人就会放弃自由，投身到约束自己的权威中去，遵从权威。这么说来，遵从权威是因为这样可以获得某种羁绊和安全感。弗洛姆对纳粹主义进行分析，认为人们对权威的盲目服从是获得自由后必然会引发的事态。

弗洛姆的同事——哲学家狄奥多·阿多诺等人在“二战”后对美国进行了调查，报告表明权威主义人格也广泛渗透到本应是获得了民主和自由的美国人民当中，这份报告当时在美国造成了巨大的冲击。研究表明，权威主义人格与我们每个人都有关，在自由民主的社会中也并不例外。

04 一切皆是权力

对于很多人来说，自由的价值在于自由本身。“无论如何也不会对父母、老师、上司忍气吞声，更别谈被政治家和官僚们操纵生活了，让‘权力’什么的都去见鬼吧，我想要自由地生活着！”20 世纪最伟大的哲学家之一米歇尔·福柯遗憾地告诉怀有这种想法的人们——你们无法逃离权力。

小知识

米歇尔·福柯（Michel Foucault，1926—1984）：法国哲学家。福柯解读与疯狂、监狱、性等相关的庞大历史资料，其研究特征是揭露知识与权力的关系、人类的主体化机制等独特风格。其思想对世界的人文、社会科学的影响是无法估量的。

这样说是因为，权力并不是人们想要就要、想扔就扔的东西，它基本上等同于社会关系。只要你还处在社会关系中，这就意味着你接受了某种意义上的管理和统治,处在社会中的你，只能在这样的力量关系中生存。

但实际上，人们完全没有必要对此感到绝望。请大家仔细思考，假如某人想要你按照某种特定的想法行动，你可能会产生逆反心理，不想遵循他的想法去做。这样想的话，实际上权力关系就变成了相互推测对方如何进行思考和行动的可能性，并互相减小这种可能性的战略游戏。自由与权力并不是彼此相反的极端。自由是指人与人之间的非对称关系，是用来表示残留在权力关系中有替换和改变可能性的词语。

另一方面，如果对该想法进行扩展，也可以假设存在一种完全没有关系变化可能性的极端状态。福柯将这种状态称为“统治”，是我们应该排斥的统治关系。

确实，我们无法从权力中逃离。所以，梦想着存在一个没有权力介入大人与孩子、老师与学生、上司与部下，拥有完全对等的自由的乌托邦世界是没有意义的。虽说如此，但也没有必要认为所有的反抗都是无用的,从而顺从地接受他人的统治，满足于统治关系。人们应该不断地进行批判性思考，在自己行使的权力中，哪一种权力在何种程度上、以何种理由能够被大众接受，那么这种权力就有可能使统治关系变成更加自由的权力关系。

福柯的思想虽然对日本及世界的人文、社会科学造成了巨大的影响，但由于他的结论过于悲观，几乎让人看不到希望，也因此受到了广泛的批判。但是，福柯指出“权力并不是恶”的时候，反而指出了乐观主义的希望。世界虽然危险但并没有那么糟糕，很多事物值得我们为此生存下去。

05 第二监视者

谁都害怕在别人看得见的地方干坏事。但是，即使没有人看见，正常人也不一定会有偷窃、翘班、作弊等行为。为什么呢？是因为做坏事被发现后的惩罚很严厉，还是因为不做违反道德之事是人类的本性？

法国哲学家米歇尔·福柯认为上述现象是近代权力结构的产物。

福柯认为，用“圆形监狱”就能很好地解释这种权力结构。圆形监狱是英国的法学家、哲学家杰里米·边沁设计的用来监视牢房中的囚犯的建筑性结构。

小知识

杰里米·边沁（Jeremy Bentham，1748—1832）：英国法学家、哲学家、社会改革家。边沁批判自然法，开创以“最大多数的最大幸福”为目标的功利主义。他主张应该根据社会幸福的总计判断道德和立法的正确性。

圆形监狱的结构是以监视塔为中心，四周的环形建筑分隔为一个个囚室，从监视塔可以观察到所有的囚室。这种结构的重点是警卫能够监视该监狱的所有囚犯，而囚犯则不知道自己是否受到监视。因此，实际上警卫并不必时刻待在监视塔中。另外，囚犯即使看不到警卫但也有可能处于警卫的监视中，因此，在囚犯的心中，形成了监视自我的第二监视者。即被监视者成了从内心约束自己的主体。

福柯着眼于人们成为主动适应社会的主体的作用（规律训练），将现代纪律社会暗喻为圆形监狱。以圆形监狱为象征的结构，不仅渗透到监狱里，还渗透到军队、工厂、学校、医院等日常生活的细节里。

因此，我们形成了不仅受到他人外部约束，还受到自我约束的“自由”主体。同时也意味着我们选择服从于近代统治系统。

福柯的理论改变了人们对于权力的看法。权力给人留下的印象从来都只是消极的一面——杀戮、压抑、强制、榨取。权力是从外部强行施加的力量，且这种力量只掌握在统治者的手中。对此，福柯将权力作为形成人类（主体）及事物的力量，并指出权力存在于社会的每个角落，赋予权力新的形象，同时促使我们将目光转向渗透到我们内部的力量，而不是从外部施加的力量。

06 更好地利用权力

近代以来，人类的平均寿命在不断地延长。为什么？直接理由是医学及医疗技术的进步、保险制度的进一步完善等。但是，究竟为什么医疗技术的开发会得到大众的支持呢？为什么有必要完善保险及其他制度呢？确实，每个人希望自己能够健康长寿是理所当然的事情，但实际上许多人都能够健康长寿的社会根源究竟是从哪来的呢？

米歇尔·福柯认为，在关心我们的健康和生命的社会背后是近代特有的权力结构。这种权力与近代以前的时代，王对臣民行使的权力正好相反。即旧体制时代的王对臣民行使的权力是“给予死的权力”，与此相反，在 19 世纪中期出现的新权力是“给予国民生的权力”，即“生命权力”。

在这种新权力诞生的背景下，社会或国家被当作一种生物来看待。既然社会是生物，就不能杀死社会的构成成员，相反，必须得让他们更好地活下去。如果社会的构成成员全数灭亡，社会也就会消亡，可是如果社会的构成成员生命力旺盛，社会也就能够长久地延续下去。生命权力正是创造和驱动各种管理健康与生命技术的力量。

生命权力介入了人类最为私密的领域——性及生殖行为，同时通过人口这个最宏观的单位统计把握人类，并将人置于管理性的关怀之下（生命政治）。就这样，生命权力与自我约束的规律训练权力重叠，形成我们的生活，促使我们追求安全舒适的福利社会。

权力的结构

但是，在生命权力的背后存在着很重要的内幕。本以“让人们更好地生存”为第一目的的生命权力发生了前所未闻的大量杀戮事件——第二次世界大战、犹太人大屠杀以及排除异者。这种悖论来自“让人们更好地生存”的目的本身。即“让人们更好地生存”是指“保留、延续优良人种”，因此必须抹杀威胁到优良人种（社会）的存续的危险。因此，“让人们更好地生存”的生命权力其实同时也包含“将人们更好地杀死”的原理。

07 从网络秩序出发展开思考

在我们生活的现实社会中，所有的事情都是有规定的，能够完成的事情、能够做的事情都受到了很大的限制。例如，人们必须遵守法律，必须遵从社会习惯。或者说，在我们根据自己的意愿选择可以获得的事物时，其实我们是在根据物品价格和服务价格进行选择。对此，通过网络开发的网络空间，约束则要少得多，比现实社会自由得多。实际上，网络空间的过于自由被视为一种问题。在网络空间，儿童也能够轻易地观看色情录像，人们甚至能够免费获得拥有著作权的音乐。一部分网络空间实际上已经成为非法地带。

美国的宪法学者劳伦斯·莱斯格主张管制网络空间，但这并不是为了消灭有害网站、保护著作权等。相反，正是为了保护网络空间的自由，才需要管制网络空间。因为通过技术设计，可以使人们在网络空间里随心所欲，但也可以让人们什么都做不了。莱斯格将这样的技术设计称为“架构”。根据莱斯格所述，对于政府和商界而言，网络用户的匿名性等不确定因素，最好不要用在管理和市场上。否则，不对网络空间进行管制而放任不管的话，就会给政府和商界提供设计完全排除匿名性和不确定性架构的借口，从而提高网络空间变得不自由的可能性。为了守护自由（不确定性及匿名性），必须对网络空间进行适当的管制，竭尽全力消除非法地带。

小知识

劳伦斯·莱斯格（Lawrence Lessig，1961—）：美国宪法学家。莱斯格是建立网络法的第一人，致力于网络的新文化创造问题。他在美国的著作权延长违宪审判中担任起诉方的辩护人，主导知识共享运动等。

当然，如果将网络空间的管制问题完全委托给政府的话，网络空间的自由将不复存在。因为这样，对网络空间的管制就会完全按照政府的方便进行。将网络空间的部分管制问题委托给政府的话，反映在政府执行管制条款上的关于网络空间架构的国民意愿及价值观才是最重要的。因此，这个问题不仅是网络空间的管制问题，还是关于在我们生存的现实社会中民主主义是否很好地发挥了作用的问题。莱斯格通过网络空间的架构问题提示人们思考民主主义是否在发挥作用、如今我们应该更加珍惜哪种价值。

08 第四权力

新闻报道作为监视完善司法、行政、立法三权的力量，也有解说书将其称为“第四权力”，但是这样的解说完全是错误的。确实存在像揭发美国水门事件政治腐败这样的正确报道，但是，第四权力这个词语的由来是在 18 世纪英国已有神职人员、王侯贵族、平民这三种阶级后，新闻等报道机关即媒体成为发挥社会影响力的新阶级，因此将其称为“第四阶级”，原本完全没有作为对抗三大权力的势力之意。不仅如此，第四权力这个词语原本是用来批判媒体容易对公众造成影响，影响舆论导向。

在丹尼尔·布尔斯廷指出后，上述观点才作为对电视节目的批评出现。他指出，即使电视节目没有误报和虚报，只要电视节目说“这是个问题”，人们就会真的把它作为问题，在电视外发生的事情人们表示对此漠不关心。布尔斯廷将报道创造出的现实幻影称为“疑似事件”。他说，“画刊革命创造出了新经验范畴”。布尔斯廷提出这样的问题非常重要——不仅报道虚实是一种问题，提供信息的方式本身也成了一种问题。在此种意义的基础上，我们也必须将目光转向设定应该思考什么的议题力量上（议题设定权力）。因为现在报道和信息的可信性逐渐被信息源头所展开的市场竞争的结果所左右，而不再被报道内容和信息内容决定。

小知识

丹尼尔·布尔斯廷（Daniel Boorstin，1914—2004）：美国历史学家。布尔斯廷主张美国历史的连续性、同一性，被称为新保守派。他将美国国民的历史体验以文明史的形式描写出来，并成为话题。

09 创造新价值

说起社会运动你会想到什么呢？在过去说起社会运动，人们自然而然就会想到工人运动。在产业社会中处于社会底层的工人，拿着低薪水做着高风险工作，有些人甚至都无法满足有房子住、有饭吃、有衣服穿等维持自己和家人生活所不可缺少的条件。工人们为了改变这种状况而发起的运动就是工人运动。即使今天劳工问题依旧没有消失，但以前那种恶劣的劳动条件和极端不平等的境遇得到了改善，工人运动也随之削弱。

但是，这并不意味着社会运动就此消失。如今轮到反核电运动、环境保护运动、反对转基因食物运动、人权保护运动等社会运动登场。乍看之下，无论是反核电运动，还是工人运动，他们所做的事情都是举起标语牌进行示威活动，收集署名拿到政府机关，集体起诉等，从前和现在所进行的运动好像看起来没多大差别。确实，所做的事情本身可能并没有多大的差别，但是，过去的社会运动和现在的社会运动，在性质上有着根本性的不同。

以工人运动为代表的过去的社会运动是以资源分配不平等的问题为中心的运动，是为了让自己和家人的生活物质更加丰富的运动。而反核电运动等现代的社会运动不再是为了让生活物资更加丰富，而是提出关于生活质量和人生意义的问题。为了将这样的社会运动与从前的社会运动区分开来，将现在的这种社会运动称为“新社会运动”。

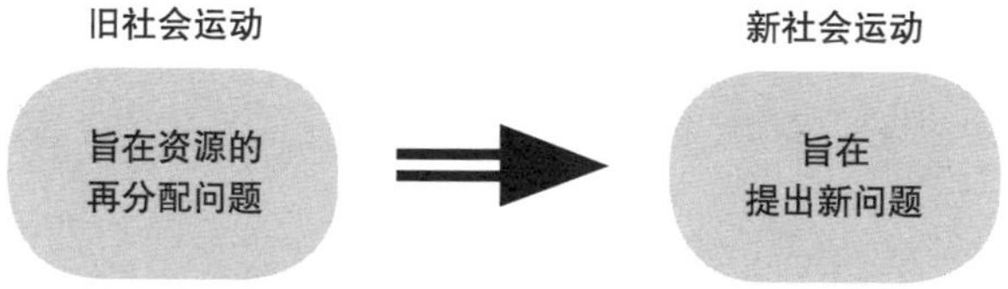

社会运动的变化

新社会运动是指提出新问题的运动，例如，会给自然环境和后人的健康带来巨大伤害的核电,依赖可能会扰乱生态系统、造成人类基因异常的转基因食物的生活方式是否正确等。换言之，新社会运动并不是将此次运动能够完成什么目的放在第一位，而是为了通过运动公开指出社会中存在的问题，让每个人对问题进行思考，拥有重新审视生活方式的机会。

一边保持物质丰富，一边节约电源，少制造垃圾，仔细思考关于转基因食物的生活并不是那么简单。归根结底，产生新社会运动提出的问题其实是由于我们的日常生活等同于现代的生活方式。因此，新社会运动通过提出各种各样的问题，促进我们重新从根本上思考我们日常的现代生活方式。

10 重新审视多元主义

很多国家现在仍采用尊重自由、平等、参政权等每个人的权利，以多数表决为决策、为原则。但是在做决策的时候，并没有那么容易。做出一个任何人都能接受的统一决策需要付出一定的努力，将采取这种立场的行为称为“协商民主”，协商民主尊重不同的价值观。

社会学家将支持事物多样性的立场称为多元主义。公共政策的决定由个人及团体自由参加，行使多样的影响力，其决定权并不在少数精英分子的手中，这一点很重要。为了避开简单性多数表决从而达成协议的情况，协商民主重视与拥有不同价值观的人进行商谈，这看起来有点像多元主义。但是，比利时出生的政治学者尚塔尔·墨菲认为协商民主只是将价值观的多元性作为经验性的“事实”承认，在达成协议的局面下，协商主义将价值观的多元性作为“障碍”进行消除，它与多元主义并不能相容。墨菲将讨厌对立与纠纷，寻求协调与同质性的民主主义称为忽视个人人权和多样性的全体主义，协商民主甚至可能会转变为与其拥有完全相反政治理念的全体主义。

小知识

尚塔尔·墨菲（Chantal Mouffe，1943—）：比利时出生的政治学者。墨菲在法国、英国、美国等地进行研究。近年来，墨菲致力于通过非合理主义的方式讨论政治理论、竞争性民主主义论，也参与了欧洲的右翼人民党主义、多极性的世界秩序相关的活动。

墨菲认为，由价值观的多元性引起的对立与纠纷，是构成和改良民主主义的基本条件，绝对不是民主主义的障碍。在这种意义上，价值观的多元性不只是单纯的经验事实，其本身也是构成民主主义不可欠缺的“价值”。

但是墨菲并不是无条件地肯定对立和纠纷甚至是敌对关系。要使这些变得对民主主义有意义的话，需要一个能够保证任何价值本质上都是等价的公共领域。在公共领域中，敌对关系必须通过互相竞争各自的卓越性从而转变为竞争关系。这样的立场与通过商谈寻求减小差异的协商民主相反，被称为“竞争性民主”。

在竞争性民主中，某些协议往往都是暂时的，且必须只是暂时的。因为，达成协议其实是对某些价值观进行选择，同时，也排除了其他的价值观。换言之，在关系紧张的基础上暂时达成协议，对民主主义而言可以说是“正确”的。这样的协议被称为“冲突协议”。只要民主主义协商依旧存在争议，那民主主义就是一场永远不会停止且没有最终目标的运动。

06

宗教与文化——没有前提就无法生存

01 『日常』的条件

我们一年的大部分时间都花费在了工作、家务、学校课程、兼职等方面。每周休息一两天，其余时间都在工作，这就是我们的日常生活。除此之外，一年之中，还有几天特别日子，如生日、圣诞节、正月、盂兰盆节、庙会、葬礼等。不过，今天各种各样的活动，正如字面意思那样作为“活动”被资本化，作为与日常不同的“非日常”被演出、宣传、商品化。但是，日常与非日常的区别本身，与资本主义的“活动”并无关系，而是继承得到的。 那么，日常和非日常的原本区别对社会到底有什么意义呢？

以社会学者埃米尔·涂尔干、人类学者马塞尔·莫斯等人为首的社会学家们，通过论述关于“圣与俗”的诸多理论回答上述问题。“俗”是指日常生活，“圣”是指与俗世相隔被保护起来的世界。通过圣俗理论得知，社会并不是仅由俗世中的日常劳动所组成，即社会中必须存在使持有一定秩序的“日常”成为“日常”中的“非日常”，也就是“圣”。

这里所说的圣物并不一定只是指神圣、崇高、纯净的事物。也可以说，圣物是包含不洁之物、混沌之物的“非日常”。有时也会将身体的某个特征（畸形等）视为圣物。即圣与俗的区别也意味着将危险从日常中分离出去。这样“非日常”就可以成为脚踏实地的现实、井然有序的“日常”，也就是俗成为可能。

学者们还提出了圣俗理论的各种衍生理论。

例如，法国的文学评论家、社会学者罗杰·凯卢瓦提出在“圣、俗”这两项上再加上一项“游”，即“圣、俗、游”。他认为将人类从被迫劳动的“俗”和庄重的“圣”中解放出来的正是“游”，人的本性正是“游”。不管怎么说，圣俗理论表明,人和社会只在由经济活动组成的世俗世界是无法完成的。

小知识

罗杰·凯卢瓦(Roger Caillois，1913—1978)：法国评论家、社会学家。凯卢瓦持超现实主义思想，受到涂尔干、莫斯、赫伊津哈等影响，研究神话、梦想、圣、游戏等想象世界。

02 赠物的深层意义

“赠予，即赠送物品，且接受赠予是一种义务。”这样听起来会有一种被强行塞礼物的感觉。是否赠予、是否接受赠物，根据情况每个人自由判断不就行了吗？但是，对赠予的研究表明，赠予存在某种义务特性，这与社会的深层结构有关。

人类学者、社会学家马塞尔·莫斯对波利尼西亚及新西兰的原始社会进行研究后提出一个问题：对原始社会而言，赠予拥有怎样的含义呢？

小知识

马塞尔·莫斯（Marcel Mauss，1872—1950）：法国社会学家、人类学者。莫斯是涂尔干的外甥，作为其继承者明确了牺牲、巫术等社会学性质。特别是对赠予的研究，对之后的结构人类学产生了很大的影响。

在原始社会，人们尽可能地慷慨赠送，接受者也绝对不会只说一句“谢谢”就完结此事，也绝对不会因为“明明什么都没做就接受别人的赠予不太好吧”而拒绝接受赠予。对他们而言，赠予并不只是好意的问题，也是关于部落首领的面子问题，是拥有约束力的集体问题、制度问题。不仅如此，往往接受赠予后，人们还必须回礼，这并不只是因为面子的关系，还因为他们认为被赠予的礼物上寄托着赠予者的“灵”。灵是赠予者的一部分，对被赠予的一方而言是非常危险的事物，因此，必须回礼，即必须将灵从某处赠出，且尽量快速、慎重。

于是赠予就形成了某种循环，这并不是好意的连锁反应，而是赠予、接受赠予及回礼的义务所组成的循环。也因为赠予的本质如以上所述，许多部落、群体通过赠予的方式相互联系并建立了互惠系统。如此看来，赠予并不只是物品的交接，还意味着符号的交换。莫斯说，通过符号交换，赠予和被赠予的都是自己（的灵）。换言之，赠物并不只是物品，还意味着自己与他人的关系。

莫斯的馈赠论没有囿于财产与财产之间的交换——经济关

系（资本主义）领域，而是进一步理解其中的社会深层关系，并由此将西欧近代（资本主义）相对化。实际上，莫斯的理论在之后被列维－施特劳斯的结构主义人类学等正式展开，成了西欧近代相对化活动的重要源泉之一。

19 世纪到 20 世纪初，人类学者们认为任何原始社会都会随着时间的推移向西方社会进化（进化论）。人类只有一条进化道路，而西方社会走在这条道路的最前端。也有人认为，文化并不是朝着一定的方向进化，而是不同文化之间相互接触、传播和借用（传播论）。

但是，无论哪种观点，都是按照学者预先设定的进化（或传播）的故事，将原始社会的文化进行分割再构成。这样讲的话文化就只是一种拼凑而已。

但不应该这样。从整体上把握原始社会的文化，是理解原始社会必不可少的方法。可是，如何进行呢？

英国社会学者布罗尼斯拉夫・马林诺夫斯基和阿尔弗雷

德·拉德克利夫－布朗提出了“功能主义”人类学的观点。功能主义没有将制度和惯习视为文化的一部分，而是将制度与惯习和整个文化联系起来进行思考。他们认为不应该将文化分解成一个又一个的构成要素，而应该将文化作为一个有机整体进行理解。在此基础上，马林诺夫斯基从文化是否满足生殖、安全、健康等生物学方面的欲求，宗教、艺术等人类特有欲求的观点出发，对文化的功能进行了分析。此外，拉德克利夫－布朗从何为有机社会存在的必需条件的观点出发，对包含文化在内的全体社会结构进行了分析。

小知识

布罗尼斯拉夫·马林诺夫斯基（Bronislaw Malinowski，1884—1942）：英国文化人类学者，他根据对大洋洲岛屿地区的调查，排除文化发展的历史思考，将功能主义方法引入到人类学中。

小知识

阿尔弗雷德·拉德克利夫－布朗（Alfred Radcliffe-Brown，1881—1955）：发迹于英国的波兰文化人布朗在印度洋孟加拉湾的安达曼群岛进行了调查，与马林诺夫斯基一起在人类学上创建了功能主义方法。

无论怎样，他们的功能主义想法主要来自埃米尔·涂尔干在《社会分工论》（1893 年）中阐述的关于社会分工所发挥的“功能”的理论。在这本书中涂尔干分析指出，即使不一定每个人都能意识到社会分工的功能，但社会分工不可避免地创造了行业间、人群间的相互依存关系，最终发挥统一全体社会的“功能”。从19世纪到20世纪初，原始社会可以说是在西方人的共鸣范围之外，但是涂尔干的这种观点将文化（社会）作为有机统一体，同时也为人类学提供了一种避免对原始社会产生先入为主的观念的方法。

为什么表亲之间可以结婚，而兄弟姐妹之间不能结婚呢？或者说为什么禁止亲子之间发生性关系，亲子性关系会被批判呢？一般的回答都是因为法律禁止。但是这款法律条文的根据究竟是从哪来的呢？

现在大家都知道，是因为科学解释说明近亲结婚所生的孩子的基因容易出现问题。但是在并不知道这样的科学知识的“原始社会”中，也被禁止近亲之间结婚和性交（近亲男女私通）。

在不同社会中，近亲私通中近亲究竟到哪一层关系才算“亲人”的标准各不相同，但无论是在近代社会还是在“原始社会”，无论是西方还是东方，这种关系在大多数的社会中都会被忌讳回避。那么，人类是出于本能回避近亲私通吗？或者是说互相不使近亲之间感受到自己作为异性的魅力一面？

法国人类学家克劳德·列维－施特劳斯认为并非如此。他着眼于超越横跨社会深层结构的个人意愿的规则，提出了“结构主义”的观点，从这个观点出发明确地解释了近亲私通的问题。根据列维－施特劳斯所述，禁止近亲私通是为了促进各亲属集体之间交换女性，是他人强加给母亲、姐妹和女儿的规则。因此，最终各亲属集体之间形成了互相交换女性、互相支持的体系。

小知识

克劳德·列维－施特劳斯（Claude Levi-Strauss，1908—2009）：法国人类学家。列维－施特劳斯最开始学习哲学，之后转学人类学。他受结构语言学的影响，建立了结构人类学，关于制度、惯习、观念基础的普遍逻辑结构的结构主义，给之后的思想界带来了很大的影响。

但是列维－施特劳斯并不是完全主张禁止近亲私通在所有社会中都存在是“为了”各集体之间相互支持。这条禁令并不是为了某种目的而存在的规则，而是为了形成社会基础的基本事实。换言之，与其说人类是为了进行交换（交流），倒不如说是因为这种交换形成了人类社会。

结构主义是一种为了准确理解无法追溯的社会深层结构的思想方法。这种方法不仅可以用于研究近亲私通和人类学领域，还适用于语言学、哲学、文学、生物学等多个领域。但是无论是哪种领域的结构主义，都是以人类的行为为前提，这一点是相通的。结构主义是通过相对化来理解我们所处的社会，让我们更深刻地理解我们自身运用的是什么样的思想方法。

05 发现『灵异』领域

有不少人会对诅咒、驱邪、附身等当地特有的奇异风俗或灵异事件感兴趣。实际上，如今这种古老的日本本土灵异元素频繁地被引用在以此为背景或主题的电影和小说等作品当中。

但是，对于生活在现代社会的我们而言，诅咒、驱邪属于封建迷信思想。现在基本上没人会真正地相信这些。那么，诅咒和驱邪等思想，对我们来说是不是超越了我们认知范围，或者是“看到了可怕的东西”呢？

除了诅咒和驱邪，还有祭祀以及从古代流传下来的土著才艺、世代相传的传统、亲族及决策方式等，这些民间古老的生活方式，都被称为“民俗”。在日本，最先正式以民俗为研究对象，以人类学为范本，创立“民俗学”这门学科的社会学家正是柳田国男。20 世纪初，日本经过明治维新完成了正式的近代化。换言之，在这个时期以前，人们的信仰被认为是“迷信”，日常生活方式也很“古老”。正因为经历了 20 世纪初这样一个近代化时期，学者才能将民俗作为研究对象。可以说民俗是通过近代视角（民俗学这种近代学问）才被发现的。

小知识

柳田国男（1875—1962）：兵库县出生的民俗学家，日本民俗学的创始人。柳田国男做过官员、报社员工，后专心研究民俗学，收集、分析日本各地残留的民俗文化，一生主要进行民俗学研究。著有《远野物语》《蜗牛考》《桃太郎的诞生》等作品。

因此，我们也可以说，近代社会就是通过给民俗和传统定位才发现“自己”是“近代时期”的。与其说从最开始社会上就存在古老的灵异领域（民俗），不如说，正是通过这种视角（近代）对社会进行研究后，古老的灵异领域才开始出现的。

这样的事并不是民俗（学）所特有的。历史（学）也是如此。民俗学与历史学的区别之一是民俗学不是通过文字而是口口相传流传下来的。民俗学重视无形之物。这意味着民俗学不一定是以人们意识上的习惯及生活方式为研究主题。因此，民俗学的研究范围也不一定只局限于“近代前的”事物。我们现代的习惯及生活方式中所隐含的并不一定是开明文化，我们没有意识到的事情也可能在民俗学的研究范围中。近代也有近代“民俗”。

06 超越大熔炉

在北海道有一群被称为阿伊努族的人，他们讲着独特的阿伊努语，保持着独有的生活方式、宗教和传统——他们拥有独特的文化。在日本政府的同化和融合政策下，阿伊努族及其文化面临着消失的危机，但在 20 世纪 70 年代，阿伊努族是原始共产制革命的好帮手，以此为契机，阿伊努族的存在才被广泛认知，渐渐地，阿伊努族对维持和复兴民俗固有文化的热情也被人们理解。

像阿伊努族这样，附属于一个国家，但也拥有自己的独特文化和集体意识，我们将这样的集体称为“族群”。另外，将族群成员的归属意识和集结原理称为种族性，虽然也可以将其译为民族性，但民族这个词语是政治共同体的翻译，将族群与民族等同这种观点是有问题的。之所以这样说，是因为族群这个概念强调的是在与主流社会同化的同时，能够自我意识到与主流社会各自拥有不同的性质。

世界上存在由非常多的族群形成的国家。在这样的国家中，种族性会受到社会的关注。

例如，在多民族国家的美国，20 世纪 60 年代批判同化融合政策的社会运动就非常活跃，1963 年发起了参加者超 20 万人的巨大游行示威活动（向华盛顿进军事件）。这种要求废除种族歧视的运动热潮促使美国反省“大熔炉”的表现方式，考虑到种族性，现在将其比喻成“沙拉碗”，含有“即使混杂在一起也不会融合”的意思。另外在加拿大存在两个多数派民族，同时还存在原住民和许多移民，因此加拿大支持多数种族性共存（多文化主义），并采用基于此现状制定出的政策。但是如果因为多文化主义而过度尊重族群，就会导致个人自由被忽视。因为族群为了存续，有时会抑制加入族群或脱离族群的个人自由。既要保护种族多样性，同样，也应该保护个人自由。这对于多文化主义政策而言，是一个难题。

07 从边缘看到的事物

社会中拥有小众文化或者说是少数族群，处于社会和文化边缘的人很难做出对社会具有强大影响力的发言。不仅如此，这些人还会经常遭受压迫和歧视。移民就是其中的典型。但是，也存在像犹太人即使遭受迫害也依然具有强大影响力的例子。这是如何做到的呢？像移民这样的少数人，应该是被社会主流趋势所左右的存在吧。

美国社会学者罗伯特·帕克着眼于拥有众多移民的芝加哥中不属于多种并存文化中任何一种文化的人，帕克将他们称为“边缘人”。帕克认为，边缘人不属于多种文化的任何一种，他们难以保持一贯的行动方式和价值观，精神上经常处于紧张状态，也不清楚自己的身份认同，对自己和社会持有否定态度倾向。但处于这种境遇的同时，有意思的是，正因为边缘人不完全属于任何一种文化，反而获得了某些优势——边缘人没有被某一种文化埋没或占有，能够客观地看待多种文化。换言之，他们会以多种标准和观点看待事物。最终他们处于一种能够融合多种文化并创造出新文化的有利视角。

但是，帕克所描绘出的“边缘人”基本上都苦恼于难以融入大众文化中。德国的社会学者格奥尔格·齐美尔的观点与此相反，他着眼于即使处于社会边缘的位置，也不想与当地文化融合的“异邦人”，也就是犹太人的存在方式。

齐美尔认为，与其说作为异邦人的犹太人想要融入当地文化中，倒不如说犹太人是自觉地与当地文化保持距离。但是，这并不意味着犹太人主动避免与当地文化建立联系。他们与“外部文化”保持距离是为了更清楚地了解外部文化与自己之间的关系。这样说来，不如说他们是在积极地与外部文化建立联系。异邦人（边缘人）正是通过自己的异质性与社会建立联系并发挥他们的影响力。

小知识

埃弗里特·韦纳-斯通奎斯特（Everett V.Stonequist，1901—1979）：美国社会学家。韦纳-斯通奎斯特师从芝加哥学派代表人物之一的罗伯特·帕克。他继承了帕克的边缘人研究，1937 年出版了《The Marginal Man》。

2009年，出现了一幅历史上最高成交额的画作，据说这幅画作出自克利姆特，名为《阿黛尔·布勒希·鲍尔肖像》，价值1.35亿美元。一幅画的价格如此之高，是因为其独一无二，且有大量想要购买它的人。现今社会，艺术作品可以被展览、被售卖，但是在很久以前，艺术作品只能作为被“参拜”的对象。到19世纪之后，随着市场经济和复制技术的发展，艺术作品如美术作品全集通过照片复制技术，可以让所有人观览或购买。

德国思想家瓦尔特·本杰明将艺术品的这种历史性变化理解为“光晕的丧失”。本杰明认为，光晕是指人们对艺术品怀有崇敬之情，引发这种感情的是作品的神圣性和独一无二性。

与其说光晕是作品的内在价值，倒不如说光晕限制了人们观看作品的机会，赋予作品权威真实性，或者给作品所有者的家谱附加外在属性，由此体现宗教统治体制与世俗权力的结合。但光晕因为艺术作品可被机械复制而丧失。甚至可以像电影那样，原本就没有实质性原创的艺术形式的出现，使得艺术作品从传统的束缚中解放出来。即艺术作品的“参拜价值”转变为“展示价值”，光晕丧失。

小知识

瓦尔特·本杰明（Walter Benjamin，1892—1940）：德国思想家，他曾与法兰克福学派的阿多诺、霍克海默等人进行了深入的交流，展开了与他们不同的独特思想。本杰明建立了特有的文化、艺术方面的理论。

本杰明的友人狄奥多·阿多诺认为大众消费加速了光晕的丧失，担心与此同时反省和创造的机会也会慢慢丧失，而本杰明的观点与其不同，本杰明对光晕的丧失现象持肯定态度，并将光晕的丧失作为促进民主化的契机。本杰明写道：“之前以仪式为基础，但之后艺术开始以其他实践为基础——政治。”本杰明认为，摄影机的影像可以说是复制技术的象征，而这录像是人们无意识中交织的空间，这并不是像我们的视觉那样以重要信息为中心进行捕捉，而是将光线交织而成的景象无意识地照映出来。摄影机无意识的影像会成为重新审视日常的束缚、体验新世界的机会。本杰明认为，复制技术促进了艺术的政治化，隐藏着将人们从权威中解放出来，打开自由活动的空间的可能性。

09 媒介即是信息

媒介是什么？说到这个问题，大家应该很快就能联想到电视、杂志、广播等。这些都是快速传达信息的媒介，也就是将新闻内容等信息传达给他人时用的容器。这个过程中重要的是信息内容，装载信息内容的容器及传送装置不过是输送信息的手段而已。信息的接收者阅读（听）信息内容并进行解读，这才算传达信息。在这种意义上，媒介本身是中立的，对接收者造成影响的是所传达的信息内容。

但是，加拿大的英国文学家、交流理论家马歇尔·麦克卢汉认为媒介并不只是单纯传达信息的中介装置。他提出了“媒介即是信息”的理论，即应该注意的并不是被传送的信息内容，而是使用的某种媒介其自身所拥有的信息性。

小知识

马歇尔·麦克卢汉（Marshall McLuhan，1911—1980）成名于英国的加拿大籍文学家、交流理论家。麦克卢汉提出了媒介延伸人类各种感觉的理论，认为人们通过媒介形成了特定的思考方法。

例如，即使信息内容相同，但面对面传达信息，通过电话传达信息，通过信传达信息，又或者是通过电子邮件传达信息，传达信息的方式不同，其所含的意义也不同。因此，各种各样的媒介并不仅仅是传达信息的中立性道具，媒介本身已经是一种信息了。

更进一步说，各种媒介的特有形式即是交流的各种形式，通过为我们提供信息，从而对我们的交流方式及经历状况，甚至是我们的社会关系状态做出规定和改变。麦克卢汉着眼于媒介本身给人类社会带来的影响，刷新了从来都只研究信息内容的媒介研究及媒介观研究，构建了今日的“媒介理论”的基础。

但是，麦克卢汉所指的“媒介”并不局限于传播媒体、文字、信息媒体等。他所说的是指将人类的感觉能力、运动能力外化（人类的延伸）的媒介。衣服是皮肤的延伸、望远镜是眼睛的延伸、车轮是腿的延伸等。人类创造出的媒介不仅可以将身体器官进行延伸，还可以反作用于人类的（身体）感觉，并对其做出改变。麦克卢汉的“媒介理论”告诉我们，人类的身体和社会与媒介之间存在紧密联系。

07
历史与近代——现代是怎样的时代？

01 被传诵的多段历史

应该有很多人认为记忆是属于个人的。因为，产生记忆的是个人自己，人们也无法窥视他人的记忆。就像“记忆苏醒”这句话一样，久违地与友人对话、与家人一同前往从前经常前往的场所等，过往的记忆不用你刻意回想就会浮现在脑海中。自己脑海中的记忆虽然有些模糊，但是与友人交谈时就会慢慢地帮助自己恢复记忆。回想起的记忆也许会和“当时的事实”有所出入，与友人互相分享确认则更有真实感。

莫里斯·哈布瓦赫抓住了记忆的这种性质，但他并没有将记忆作为个人所有物，而是作为集体所有物看待。哈布瓦赫认为，过去的事实被保存在人类的心和大脑中，也并不会再生，集体基于“记忆的框架”，通过外部的空间和物质回想起过去的事实。这包含着两层意义，即记忆是指集体中的一员通过在集体思考的长河中确定自己的位置来回想起过去的事情，另外，以现在的视角审视再次形成的过去，又会得到什么呢（现在主义）？哈布瓦赫将这样的记忆状态称为“集体记忆”。

小知识

莫里斯·哈布瓦赫（Maurice Halbwachs，1877—1945）：法国社会学家。哈布瓦赫虽然属于涂尔干学派，但也受到伯格森的影响，灵活修正涂尔干的社会主义时，也在社会阶级论、自杀、记忆等方面留下了许多研究成果。

“通过外部的空间和物质回想起过去的事实”，这些外部的空间和物质究竟是指什么呢？纪念碑等纪念物应该就是很好的例子吧。即使没有直接经历，也能够回想起过去发生的事情，即能够回想起集体记忆。因此，集体记忆又被称为“活历史”。

活历史与在学校中被教授“书写的历史”不同，它可以存在多种历史。因为，集体记忆是基于集体的“记忆框架”被创立的，只要存在多个集体，就相应地存在多种集体记忆。另外，随着时间的流逝，集体的“记忆框架”也会发生变化，集体记忆也会相应地被忘却或是被扭曲，其数量也会有所增减。活历史就如字面意思那样，是活着的会动的。集体记忆（活历史）这个概念，并没有将地区、家族、教团等继承下来的传统和惯习作为固化事物进行理解，而是将这些作为动态事物从集体内侧进行理解。

02 传统并不一定等于旧事物

读者是否知道在英国的北部存在一个名为苏格兰的国家？观看旅游指导书的话，应该很快就能够找到穿着苏格兰短裙、手持风笛的表演者画面。在网上搜索，也一定会发现网上不仅写着这是“传统风格”，还会写着，在不同的氏族之间苏格兰短裙的样式也不同，根据短裙的花纹就能分辨出这是哪个氏族。但实际上这是直到 18 世纪才有的“传统”，并不是现在所认为的“传统”。不同氏族拥有不同的花纹，这句话也不过是在苏格兰被英国吞并之后，服装商为了满足保持自我文化的欲求而发明的“传统”。

从 18 世纪到 19 世纪，伴随着近代化进程，社会发生了剧烈的变化，随着国民国家的诞生，人们发明了各种各样的

“传统”。

人们认为有些传统拥有很长的历史，但其实这些“传统”都是在相对的新时代被发明、被制度化，被安排在一个特定日期，在短时间内被确立。英国历史学者艾瑞克·霍布斯鲍姆指出这些事实，并将此称为“传统的发明”。霍布斯鲍姆认为，随着近代化，一些旧价值观和生活习惯逐渐崩坏，人们需要身份认同的依据——“传统”，国家为了获得统治的正统性也需要“传统”。被发明的传统就这样通过反复的礼节性、象征性行为，给人们灌输特定的价值观和规范，同时，也成了将统治权力正统化的手段。

小知识

艾瑞克·霍布斯鲍姆（Eric Hobsbawm，1917—）：英国历史学家。从英国工人运动的研究出发，霍布斯鲍姆广泛考察近代欧洲的整体革命和社会运动，其特征是站在工人、农民、周边社会的立场上看问题。

霍布斯鲍姆通过将目光转向传统的政治性起源——近代产生了大量的“传统”，这些“传统”作为意识形态，被用于强化民族和国民团结力，为人们提供了重新思考的机会。重视传统绝对不是坏事。但是，回顾历史，我们可能应该要再次问问传统究竟扮演着怎样的文化角色，也必须得问问传统还担任着怎样的政治任务。

教育目的在于培养追求和平和真理，具有健全人格的国民的这个想法来源于 18 世纪发起的启蒙运动。通过教育在充满偏见和迷信的黑暗社会中注入了新知识的光芒，这就是“启蒙”（Enlightenment）的意思。但是历史对我们的告诫之一是，新知识和新技术带给我们的不仅是和平，还有前所未有的惨祸。在奥斯威辛集中营被强制收容的犹太人被大量屠杀、使用高科技发动的海湾战争等，都是新知识新技术带来的灾厄。新知识新技术带来的灾厄不只是战争，还有环境污染和环境破坏。

“为什么人类没有进入一种真正的人类状态，反而陷入了一种新的野蛮状态？”对于这个问题，犹太人马克斯·霍克海默和西奥多·阿多诺在著作《启蒙的辩证法》中从根本上对启蒙理念进行了批判性回答。他们认为，公开、自由地使用人类的理性、能带来人格成长的启蒙理念，实际上只是创造出统治自己、他人、自然的知识而已。服务于统治的理性成为自发形成，但欠缺反省功能的“工具”。即人类的理性，正是为了自我保护而工作的“工具理性”。

小知识

马克斯·霍克海默（Max Horkheimer 1895—1973）：德国哲学家、社会学者，法兰克福学派的创始人之一，著有《工具理性批判》等。

小知识

西奥多·阿多诺（Theodor Adorno 1903—1969）：法兰克福学派的指导性人物，是德国哲学家、社会学者、音乐评论家、作曲家。

霍克海默及阿多诺认为，人类理性的工具性在于其表面上是自由、平等、博爱等近代的美德。例如，为了从世上清除暴力带来和平而发起的战争，究其本质，仍是暴力。《启蒙的辩证法》通过描写从神话世界到近代社会，阐明通过批判其他事物来使自己正当化的理性专制性格。历史在美德之名下前行，可以说是许多野蛮行径的证人。霍克海默和阿多诺阐述，如果亲身践行启蒙思想，将会使我们重新审视我们的亲身经历，以及现有的知识，由此唤醒我们“对形成退化契机的反省”。

04 被施加魔法的近代人

当我们听到大地震或者是传染病扩散导致大量牺牲者出现的消息时，我们并不会认为这是神力所为。因为我们知道地震是由板块运动所引起，传染病是由病菌或病毒导致，传染病扩散是因为卫生管理系统有问题。又或是因为我们知道国家统治者没有“神授予的权力”。人们的世界观、身份特权等，以及在近代之前流行的诸多信念，在近代社会中已经无法得到广泛认同了。

德国社会学者马克斯·韦伯将这称为“去魔法化”，即合理化。这并不是指通过科学技术知识的积累，就能够合理预测和操控自然界、经济等与人类的行动相关的事物，而是指人们拥有只要有必要，无论什么事情都能合理解释清楚，并以此为基础进行操控的信念。在去魔法化的世界中，并不存在神秘而深不可测的力量。发生的所有事情不是神力所为，都可以归结为人力所为。这样一来，近代社会就脱离了迄今为止一半的神学学问，人类也能致力于研究合理的科学。但是韦伯认为，去魔法化会给人们带来重大危机——人们会逐渐失去生存的意义。事实和价值背道而驰，或者只有事实被逐渐放大，价值和意义变得贫乏，人们失去了生存的目的。在这样的去魔法化的世界中，人类究竟该如何自处呢？韦伯说“忍耐吧”。他在“忍耐”的美好中，好不容易找到了人类尊严的所在。

今日，去魔法化世界并没有就此止步不前。现代社会并没有对去魔法化世界产生忍耐，而是再次呼叫了“魔法”，即“再魔法化”。美国社会学者乔治·里策认为，现代的消费过程与其说是商品的实质，倒不如说是消费过程被商品的演出效果所支撑，而这种现象就是现代消费过程的象征。美国科学史学家莫里斯·伯曼认为，有必要施加一种抑制理性暴走的魔法，让人类回到应该与世界（自然）和谐相处的状态，回到属于世界的一部分的位置上。但是，再魔法化也只是去魔法化的产物。韦伯所提出的问题到如今反而显得更加突出了。

小知识

莫里斯·伯曼（Morris Berman，1944—）：美国科学史学家。伯曼通过对超自然现象的分析，批判一元科学。其代表性的著作是《从笛卡儿到贝特森》等。

05 近代化世界

我们将悠久的过去理解为“历史”时，会将其划分为古代、中世纪、近代。但是，即使是在历史教科书上，也并没有清楚地划分出每个时代的明确的分界线。因为，时代的划分是随着划分者所研究的对象和事件的不同而不同。依然使用古代和近代作为时代的划分，是因为两个时代的生活方式和价值观等容易进行比较和评价。

在经济重心从农作物转为钢铁，政治重心从王侯贵族转为平民百姓的过程中，在 20 世纪初建立的社会学，为了表现出当时人们生活的社会与以往社会之间的差异，将那时的时代理解为近代（Modernity）。特别是在德国的社会学中，近代化被理解为近代资本主义改变传统秩序的过程，当时的德国社会学者以反近代化为志向。

美国社会学者丹尼尔·贝尔认为，近代化（Modernism）是人们对传统进行自主决定的个人思潮。而在德国社会学中，学者们认为这种思潮切断了社会的纽带，将社会生活中的准则变成了“是多还是少的比较考量”。然而，在德国遭到批判的近代，随着资本主义经济和科学技术的发展、民主主义的扎根，也逐渐获得了人们的支持，人们认为近代化给世界带来了普遍正义。

小知识

丹尼尔·贝尔（Daniel Bell，1919—）：美国社会学者。贝尔从事过记者工作，后成为研究人员，着眼于对抗近现代主义宗教的重要性。另外，因为《意识形态的终结》这本书，贝尔成为现代社会评论的第一人，也因使用去工业社会的概念而闻名。

但是，从 20 世纪 60 年代到 20 世纪 70 年代，战争多发、经济增长达到极限、公众道德败坏、环境污染等，各种各样的社会问题成为当代的主题，近代化的现实状况与人们对近代化的期待相去甚远，近代化也因此成为被批判的对象。法国哲学家让－弗朗索瓦·利奥塔将此描述为近代“长篇故事的终结”。如果说 20 世纪初的近代化批判暗含着对传统秩序维护的话，那么 20 世纪 70 年代以后的近代化批判则包含着通过内在消除差异、平均化等维持、恢复秩序的抑制性契机的反省。这种对近代化的批判意识，是一种积极承认差异、肯定不确定性的思潮，有时被称为后现代主义。

在 20 世纪发生的思潮转变伴随着从生产—消费社会到信息社会的转变，如果将这种思潮转变看作组织化原理的转换的话，那么后现代主义的时代，可以说是不同于近代的、具有后现代主义文化主题的时代。

06 被自由左右的时代

随着近代化发展，传统的僵化秩序逐渐解体，人们从传统的枷锁中被解放出来，获得自由、变得流动，特别是交通工具的快速发展支撑着人们流动性的活动。

在工业革命以前，人们一般通过走路或者跑步进行移动，最多也不过是乘坐马车，而乘坐马车通常也只是特权阶级的权力，很多人一生都从未离开过生养他们的土地。工业革命以后，人们发明出了蒸汽机、火车、汽车、飞机，通过这些交通工具，人们移动的速度急剧加快，活动范围也呈现飞跃性的扩大。这是导致人们的地缘和血缘纽带关系变弱、传统秩序崩溃的原因之一。

尽管如此，在刚开始实现近代化的时候，民众被动员聚集到国家的大框架中。在新建立的非传统秩序中，工人受到压榨，法西斯主义和全体主义[①]也从中诞生，因此，人们期望有一种新的自由的秩序。在旧秩序解体之后，人们期待着能够建立一种更加完善的新秩序。

但是，现在的秩序却与期待中的秩序不太一样。虽然新秩序保证人们可以拥有前所未有的自由，但现在，人们亟待解决伴随自由的流动性而产生的难题。齐格蒙特·鲍曼将这样的现代社会称为流动的现代。鲍曼认为，流动的现代不仅获得自由、解放，拥有多样的选择，同时还存在不安定性和不确定性。在这种情况下，与过去不同，所有选择的责任都必须由个人承担。我们虽然跨越了死板的近代（固化的近代），得到了彻底的自由，但这次我们却被伴随自由的流动性问题所左右。

小知识

齐格蒙特·鲍曼（Zygmunt Bauman，1925—2017）：现代欧洲备受瞩目的社会理论家、社会思想家。其代表作包括《立法与阐释者》《现代性与大屠杀》，除此之外，鲍曼还有很多关于现代和后现代状况的著作。

鲍曼批判流动的现代是没有根本改善余地的死胡同。流动的社会可能确实很拘束，例如，在日常生活中，地区社会的团结和相互扶助都是个人生活的补充，这样的功能，是获得彻底自由所无法取代的。在越发具有真实感的今日，鲍曼的点评让我们亟须重新审视"传统自由"的义务及团结。

① 全体主义是垄断资产阶级的一种社会观。形成于20世纪初叶垄断资本的统治确立、工人革命运动高涨时期，第二次世界大战前流行于德国、奥地利。

07 被重新审视的近代

社会中有些事情还是不知道为好。可能确实如此，但是，我们会主动改变自己的生活，若能够进行选择，知道一些事情也并没有什么不好。

实际上，我们可以通过反省自己的行为，不断地改变自己。即使发生的改变肉眼不可见，但如果知道某种行为不过是多种可能性中的一种，那就可凭此找到其他新行为。

英国社会学者安东尼·吉登斯认为正是因为人们会对自己的行为进行反省（行为具有自反性），才会规定现代社会的特性（现代主义）。在传统社会中，人们的反省性行为与共同体的传统和惯习相结合，传统和惯习通过反省性行为被再解释和明确化。与传统社会相对，在近代社会中，自反性的特性本身就已经进入到社会生活的基础中。

小知识

安东尼·吉登斯（Anthony Giddens，1938—）：英国社会学家。一方面，吉登斯通过对古典社会理论和现代思想的批判性研究，提倡以“双重解释学”为基础的独特的“结构理论”。另一方面，他将“国家”的概念导入到社会学中，与只以“社会”为参照标准，“以社会为中心进行说明”的观点相对，他尝试从“以国家为中心进行说明”的观点出发构建社会理论。

吉登斯认为，包括社会学在内的社会科学也参与了这种事态。这意味着社会科学的概念、理论、见解，不管是什么样的知识，都会不断地循环性地进入到客体中。

例如，结婚率和离婚率的统计数据以及以此为依据的理论，无论是直接还是间接，都会对政府的政策和实际上人们的结婚行为造成影响。然后，受到影响的人们的行为会被反映在各项统计数据及理论中。其中，传统并不会以它是传统为理由获得人们的承认。现代社会所具有的自反性在于，实际上人们的行为正是根据新获得的知识对行为进行斟酌、改善，其结果就是改变行为本身的特性。

话虽如此，但并不意味着关于社会生活知识本身相对于人们的社会生活处于优势地位。应该这样说，这些知识和理论与已经存在的权力和价值之间存在紧张关系，其中也会附带意料之外的结果。正因如此，知识和理论才会成为必要。社会生活知识的增加，有时会剥夺我们社会生活中的“自明性”，给我们带来不安。但是，这同时也给了我们重新选择生活的机会。

08 在社会中已经无处可逃

没人想做危险的事情，也没人想住在化学药品工厂和废弃物处理场的附近。每个人应该都是这么想的。但是，工厂和废物处理场对社会而言又是必需品，不可能让它们消失。许多人都想要安全舒适的生活，都不希望这样危险且肮脏的设施建立在自己住所的附近。因此，在安全性和舒适性上就会产生不平等，有人获利，有人吃亏。换言之，在社会中，弱者总会被强加各种风险。有钱有权的人就能够远离危险设施，但是无钱无权的人则只能忍受风险住在工厂和处理场附近。

社会学家乌尔里希·贝克说，像这样风险被不平等分配的时代已经结束了。但这并不意味着世间所有人都处于安全中。与此相反，目前所有人都“平等地”面临着同样的风险，即“风险社会”已经到来。引导贝克的主张的是切尔诺贝利核事故。通过此事件明确了一件事情——放射性污染能够跨越地域与国界，对所有阶层都具有同样的威胁。这已经不是把它强加给他人就能解决的风险了。我们所有人都依赖于核能、化学药品、基因工程等高科技技术，并生活在其中。但是，我们无法预测渗透在我们生活中各个角落的高科技技术什么时候以怎样的方式会带给我们多大程度的危险。因此如今每个人都必须面对无法逃离的风险和不安。

小知识

乌尔里希·贝克（Ulrich Beck，1944—）：德国社会学家。1986年出版的《危险社会》在普通人中也被广泛阅读。同时，贝克与吉登斯等人一起展开了关于“自反性现代化”的讨论。

但这并不意味着这个时代人们只能忍受这种风险和不安。应该这样说，这个时代无法再将危险、肮脏的设施强加给社会外部（发展中国家）和社会底层的人们。风险已经成为人们生活的一部分，也因此出现了各种各样关于如何制定安全（危险）标准的立场，这个时代变成了积极讨论各种理论的时代。我们已经不能把如何制定安全标准视为只有专家才能解决的技术问题，这也是与我们选择何种生活方式和价值观“比较好”而密切相关的问题。

08

全球化与国家——世界能生存下来吗？

01 『去空间化』世界

在报纸和杂志上，我们经常可以看到“全球化”这个词，除此之外，电视和网络上也会经常报道关于全球化的讨论和新闻。大约在 20 世纪 90 年代中期之前，在日本，“国际化”这个词语使用得比“全球化”要更为普遍。因为直到 90 年代中期为止，虽然根据国境划分的各个国家依然遵循自己的方针，但是每个国家都知道要加强彼此之间联系——国际化与当时的世界状况相适应。可是，在经历了 1998 年的亚洲通货危机之后，谁都明白，寻求利益、驱动世界运转的巨额投资资金（对冲资金）能够左右一国的经济，日本也是如此，全球化问题与每个人都切身相关。因此，全球化紧接着就成了脍炙人口的词语。为了确保能够获得低廉的劳动力和资源，此时盛行世界发达国家与发展中国家的经济差距问题，即南北问题。然而，全球化的过程并不局限于资本主义经济的动向。随着通信技术飞跃性的发展，全球化作为在地球上某个地方发生的事情和决定，在短时间内会对地理上远距离的地方发生的事情和决定产生直接影响的过程需要被理解。即全球化也是一个显著改变空间距离的过程。

● 全球化是指美国化吗？

全球化是什么

一方面，全球化过程跨越了 EU 和 NGO 等框架，促进政客活跃这一点值得肯定；另一方面，全球化将各个社会固有的文化统一，这点遭到了批判。在这种批判性的背景下，苏联解体后，成为世界第一强国的美国想要独占 IT 产业、金融业、工业、农业等所有产业的市场。事实上，微软和苹果分占了电脑操作系统的绝大部分市场份额，谷歌占据了网络检索系统的绝大部分市场份额，麦当劳和可口可乐等占据了食品产业压倒性的市场份额。将这些美国企业的活跃作为全球化过程中的一环来理解的话，全球化实际上只是美国文化对世界的输出，即美国化（文化帝国主义）。

近来，为了对抗全球化带来的文化统一，保护自己的独特文化的动向也变得活跃起来。但是更重要的是，如何推进符合社会正义的全球化呢？

人、物、资本以及信息，以惊人的速度跨越国境进行流动，这正是全球一体化。先不管正确与否，一方面，全球化能够使我们去往遥远的国度观看古老的文物，带给我们诸多恩惠；另一方面，全球化也会给我们带来一些麻烦的事情，例如，贫困及社会差距、文化冲突等。

但是，毫无疑问的是，现代信息技术加速了全球一体化大潮流的形成。之后，国家、城市、乡村之间的差距也会逐渐消失，网络空间一定会使世界一体化。

像这样，我们经常有过度放大事情某一方面的倾向。阿根廷社会学者萨斯基雅·萨森并没有被正在激烈进行的全球化过程所迷惑，而是着眼于全球化动向与国民国家之间产生的紧张关系，提出了作为让两者相互竞争的战略性场所——“世界级城市”的模式。

小知识

萨斯基雅·萨森（Saskia Sassen，1949—）：阿根廷社会学家。萨森研究范围从全球一体化时代的宏观政治经济动向，到以移民、女性等为中心的少数派劳动者的微观现状，同时，萨森也是世界级城市论的代表性论客。

萨森首先举出了世界级城市的例子，如纽约、伦敦、东京。由于全球化经济具有高度的不确定性和投机性，对此企业有必要设立高度网络化的会计、法务、广告、金融、通信等专业的服务部门。这样的专业服务群体不能分散在世界各地，而要聚集在一定的区域内，于是，就诞生了作为高度专业服务聚集地的世界级城市。世界级城市呈现出增长趋势，除了刚刚列举的三个城市外，还有以下世界级城市：巴黎、洛杉矶、香港、芝加哥、首尔、布鲁塞尔、新加坡、华盛顿哥伦比亚特区，以及近年来广受关注的城市如北京、上海、圣保罗等。这些城市尽管发展历史不同，但都是集金融、技术、咨询和服务于一地，是大规模跨国企业活动的基地。

但是这并不意味着住在世界级城市里的人都很幸福。一方面，金融服务及市场营销、高端技术等领域对于从事高级专业服务的精英的需求正在提高，这些精英能够获得巨大的财富。但是，另一方面，能够满足精英们的日常需求的低工资劳动也在增加。而承担中间任务的则是流入全球的外国劳动者。最终在世界级城市中产生了中心和边缘的新地理力学。

经历了经济高速增长这一稀有事态的日本人往往会认为经济成长会使所有人都变得富裕。世界级城市的理论打破了这种乐观的预测，反而描写出成长产业产生低工资劳动者的现实。

03 眼界改变世界

在全球化的世界中，资本、商品和人口正以前所未有的规模流动着。特别是人口的流动性，对此我们能够切身地感受到。不仅许多外国人可以来到我们国内，我们也能够进行国际旅游（海外旅行）。国际旅游现在已经成为最成功的产业之一。以全球化为特征的人群流动性确实改变了社会和生活方式。特别是国际旅游的发展，给社会带来了远超过单纯的经济效应的根本性影响。

英国的社会学家约翰·尤瑞对现代人旅游时的眼界（旅游的眼界）进行了分析。尤瑞认为，游客在旅游景地观看的不仅仅是景观。旅游这种行为，是建立在攻略和玩法上的，例如，游客观看的对象是旅游行业的投资人等旅游行业的从业者和专家创造出来的事物。他们会宣传演出适合游客观看的事物，以及对游客而言非日常化的事物。这种宣传并不全是为了促进旅游发展的电影、电视、音乐等，也有助于他们自身构建某个旅游地的形象。这样诞生出来的各种象征性的景区逐渐形成了游客们旅游的眼界。游客事先已有观看景点的计划和对非日常体验的期待，沿着这个目标，就能够理解在当地观看的景观和经历的体验。

小知识

约翰·尤瑞（John Urry，1946—）：英国社会学家。尤瑞从国家权力的分析出发，分析关于空间和移动的社会学。除了旅游社会学之外，他还展开了环境社会学、自然社会学的研究。

随着全球化，（国际）旅游极速发展，这种旅游带动人口流动的现象给一些国家的地域文化、传统文化带来了巨大的影响。当地通过感受游客的眼光，再次认识自己的传统和文化（自反性）。这是复活本地身份，使之重新构筑成新模样的契机。不过也有报告指出，不少游客会将景区商品化，导致当地文化、传统形态和社会关系的崩溃。

以游客旅游的眼界为媒介，不仅可以了解当地国家和地区的传统文化，也给当地的每个人都带来了重新审视自己身份的契机。

04『世界经济』体系

众所周知，南半球和北半球的经济差距被称为南北问题。但是，随着南半球发展中国家的经济高速发展，目前主要讨论的问题已从南北问题转为非洲问题。其实不仅非洲，贫困国和贫困地区在世界各处都存在，世界水平上的经济差距问题依然很严重。世界上仍有一半的人温饱得不到满足，这种规模的经济差距究竟是如何产生的？对于这个问题，伊曼纽尔·沃勒斯坦提出的“世界体系理论”应该算是一种有力的回答。

小知识

伊曼纽尔·沃勒斯坦（Immanuel Wallerstein，1930—2019）：美国社会学家、历史学家。沃勒斯坦提出了“世界体系”的概念，其历史性验证了以西欧为中心，以其他地区为边缘的资本主义体系的形成和发展的宏观观点。沃勒斯坦提出的概念对社会科学的各个领域和历史学产生了很大的影响。

曾经，经济学家大卫·李嘉图用比较优势说明世界经济状况（国际分工）。比较优势是指一国商品的生产成本与他国的相比较，若生产成本较低，则在市场竞争中输出处于优势地位，若生产成本较高，则在市场竞争中输入处于劣势地位。而理想的国际分工可以让双方获益。

实际上，发达国家通过发挥其高效生产力率先生产存在需求市场的商品和新产品，获取专利等手段垄断利益。结果，发达国家就能够继续生产和销售商品（主导产品），而生产力低下的发展中国家还在应对慢性贫困问题。

世界体系理论将持续垄断主导产品的国家和地区称为“中心”，只能进行商品原料生产的国家和地区称为“边缘”。由于中心地区垄断市场，中心、边缘地区之间产生了不等价交换，所以产生了世界规模的经济差距。中心、边缘的概念虽然是从劳尔·普雷维什的依附论（研究发展中国家贫困的原因和发达国家的经济发展）中借用过来的，但世界体系理论增加了“半边缘”——既不是中心也不是边缘，处于不稳定状况的国家及地区的概念，从而成了分析中心、半边缘、边缘关系随时代变化的动态宏观历史理论。沃勒斯坦将各国作为独立的单位进行处理，不是从中分析“世界”，而是将在广阔领域展开的分工体制作为一个世界体系，从中考察近代“世界”历史，这种世界体系理论特有的方法被称为“历史性方法”。

沃勒斯坦认为，今天的现代世界体系成立在16世纪，从未衰退一直持续到现代的理由在于，今日的世界体系与以前的世界体系不同，以往只存在像世界帝国这样的一个政治体系，而如今是持续存在多个政治体系,能够跨越政治牵制经济发展。

05 无形的暴力

《战争与和平》是俄国小说家托尔斯泰的长篇小说。这部小说的标题经常被借用为控诉战争的不合理和和平的重要性的宣传标语。不知是否因此，很多人认为“战争”和“和平”是反义词。但是，挪威国际政治学家约翰·加尔通认为，“和平”并不是“没有战争的状态”，而应该是“没有暴力的状态”。即“和平”的反义词并不是“战争”，而是“暴力”。加尔通尝试通过将比战争含义更广泛的暴力这个词作为和平的反义词来扩大和平的概念。于是紧接着加尔通提出了应该如何定义暴力的问题。他提出将暴力分为两大类，首先第一类是像战争这种实施暴力的主体，能够明确目的的情况，称为“行为（直接）暴力”，第二类是乍看之下好像毫无关系，难以确定实施暴力的主体和目的的特定情况则被称为“结构（间接）

暴力”。结构暴力具体是怎样的呢？根据加尔顿的定义，结构暴力是“导致可能实现的事情与现实产生的结果之间产生隔阂的原因”，同时也是“阻止减小这种差距的主要原因”。总之就是，本来可以做到的事情最后却无法实现，这就是结构暴力的含义。

小知识

约翰·加尔通（Johan Galtung，1930—）：挪威国际政治学家。他提出没有战争的世界就是“消极的和平”，没有贫困、压迫、歧视等结构暴力的世界就叫“积极的和平”。加尔顿在世界很多大学任教的同时，也担任国际纠纷的调停人。

按照他的这种定义，可以将饥饿问题看作结构暴力。因为，粮食生产不足和人口增加不是造成饥饿问题的主要原因，而是粮食分配不平等引起饥饿问题。通过计算，目前，世界生产的玉米量能够充分养活世界人口。但是，其中的很多玉米都被用作生产肉类食品的家畜饲料，随着肉食需求量的扩大，用于家畜饲料的玉米量也在增加。不用说，吃这些肉的人当然是处于发达国家的人们。试想，我们每次吃饭的时候都不知不觉中实施了结构暴力，但是，我们没有一丁点加害意识，遭受饥饿的当事人甚至也不会认为我们是加害者。正因如此，饥饿问题可以被视为结构暴力。我们的食品生活在持续阻碍饥饿问题的解决。

加尔通提出结构暴力这个概念的目的在于指出歌颂和平的我们其实也是加害者，呼吁我们不应满足于没有战争的世界（消极的和平），而应去努力实现没有暴力的世界（积极的和平）。

06 不带偏见地理解不同文化

如果将世界一分为二，你会怎么划分呢？最简单明确的划分法就是分为东方和西方。从这种分类方法来看，可以认为东西方是单纯根据文化、地理上的隔阂，完全自然中立的，没有任何异议的划分。

实际上，东方和西方，不仅人种、语言系统不同，就连生活方式和价值观也不同。基于以上事实，可以直接将世界划分为东方和西方。但是，真的是这样吗？

巴勒斯坦出生的比较文学家爱德华·萨义德认为并不如此。据他说，西方和东方，如果用世界历史眼光来看，相当于中心和周边。这意味着，对于自诩世界文明中心的西方，东方不过是位于世界文明的边缘地带，是被统治的对象。这样说的话，听起来好像是指西方和东方从一开始就是各自独立存在的，但实际并不如此。西方和东方的这种划分本身就是在西方对东方的统治中慢慢培养出来的。萨义德认为，“西方”在其文化中创造了“东方”的形象，通过这种形象在边缘地带看到了“东方”，将统治正当化。他将西方的这种文化活动称为“东方主义”。

小知识

爱德华·萨义德（Edward Said，1935—2003）：美国文学家。萨义德确立了对帝国主义、殖民主义进行分析的后殖民主义理论。其主要著作有《东方主义》。

萨义德指出，西方文化中的东方主义，从整体上来说，是其他人描绘出的能够从文化上控制东方人的一种方式。不仅如此，甚至连东西方的地理界线实际上都是根据印象中的社会和文化界线进行划分的。

通过这样的批判，萨义德在努力寻找一种能够克服西方、东方划分法，可以使文化之间相互理解的划分方法。像平常说的那样，不可以带着偏见看待其他的文化。但是，萨义德也指出，要做到这一点并不是很容易。因为，批判西方的东方主义本身也可能会轻易陷入某种东方主义（西方主义），不带偏见地理解、讲述不同文化时通常都包含着非常细致的问题。

“我是 ×× 人”的意识和感觉究竟是什么时候，以何种方式在我们的脑中生根发芽了呢？因为是在 ×× 国出生的、因为在 ×× 国长大的、因为说着 ×× 国的语言，又或者满足以上的所有条件，所以我们认为自己是 ×× 人吗？但是，即使满足以上的所有条件，如果你的父母是其他国家的国民，你在父母生长的国家里找到了自己的根，你也不会认为自己是 ×× 国的国民吧。

这样看，认为自己“是 ×× 人”的意识和感觉好像并没有明确的依据。但其实，不知不觉间印在我们心中的“是 ×× 人”的意识和感觉，和民族主义有着密切的关系。身为历史学家和哲学家的厄内斯特·盖尔纳认为民族主义是“使政治组织和文化或者说是民族组织一致的思想运动”，他的定义给美国政治学者本尼迪克特·安德森造成了强烈的影响。安德森认为，国家和国民不过是在近代资本主义的高潮中，各地土著的语言被活字化作为出版物进行流通，在使用同种语言的人群之间产生的“想象的共同体”。通过活字化，人群中产生了“同类意识”，他将这种意识称为“民众民族主义”，又将带来同类意识的资本主义特别命名为“出版资本主义”。

小知识

本尼迪克特·安德森（Benedict Anderson，1936—2015）：美国政治学者。其主要著作《想象的共同体》为国民国家分析开辟了新天地，为迄今为止的民族主义研究做出了贡献。

安德森指出，在近代西欧除了出版资本主义产生了民众民族主义外，克里奥尔意识在从西欧移民到美国移民者的孩子们的思想中发芽了，安德森将这种不同于本国的自然意识命名为“克里奥尔民族主义”，这种意识为美国之后的独立战争做了准备。

除此之外，统治者阶层为了将自己的思想作为统治国家的存在而正统化，吞噬高涨的民众民族主义而煽动民族主义，安德森将这种民族主义称为“法定民族主义”。

正因为我们的国家意识和感觉是没有明确来源依据的创造（想象）物，所以当内心对其他国家的国民怀有敌意时，便无法对其进行控制。正因如此，安德森才会将民族主义分为以上三类，并为其在近代史中找到相应的位置。他的理论为我们提供了重新审视不知不觉间印在我们心中的国家意识和感觉的机会。

08 强大的国家是怎样的？

应该有很多人认为国家研究属于政治学领域，而社会学如字面意思那样是研究社会的学问。确实，与政治学相比社会学中的国家研究相对较少。社会学创始人之一马克斯・韦伯以及最近的社会学家安东尼・吉登斯在国家研究方面作出了重要贡献。他们的研究是不是社会学领域的内容还值得讨论，但有人批评他们的研究虽然成功建立了国家模型，但无法用来说明现实中的国家。

迈克尔・曼认为，许多国家研究将国家作为一个整体进行思考，并认为国家权力是专制的。但是，现实中的国家介入利害关系的调整、资源再分配等问题，同时发挥着其他各种各样的功能，有时会相应地改变介入的权力比重。即国家很可能是可以改变的。因此，曼将国家形容为“多型性结晶”。研究多型性国家并不能将国家作为单纯的模型进行把握，而应该着眼于国家与社会积极分子之间的相互关系。

小知识

迈克尔·曼（Michael Mann，1942—）：美国社会学家。曼打破了“国民国家”建立的一元社会观，考察真正的世界历史。曼的研究领域广泛，他精通人类学、民族学、政治学、经济学等。近年来，他集中精力研究关于法西斯主义论、大屠杀、民族净化的历史。

从这样的观点出发，曼提出了建制力的概念。国家利用议会、法庭、学校、卫生站等各种各样的制度和渠道，调整与社会积极分子之间的关系，促进市民社会组织“国家归属化”。曼指出，国家通过行使建制力将社会生活国民化，并将市民的社会生活“禁锢”在国境内。但是，国家的建制力并不是专制的。与其说国家归属化是国家单方面的统一社会，不如说是国家与社会的紧密化。通过紧密化，国家将增加“社会性”功能，成为“强大的国家”（民政掌管范围的扩大）。这一过程是为了建立国家与社会之间的相互通行关系，同时也是国家权力的集中和扩大，但是这会引起权力分配问题——何人在何地（用何种语言）掌握权力。因此，国家将成为社会积极分子围绕政治代表权进行斗争的社会纠纷场所。

曼的国家论并没有将国家和社会理解为对立关系，而是从国家与社会力量关系中捕捉到了国家的强大，给至今为止的国家研究提供了新框架，同时也暗示了社会学研究的重要性。

09 支撑社会的国家

更好的政治形式是怎样的呢？是相信市场原理，政治会进行自动调整，将政府的介入降到最低限度，给予市民最大化自由的政治（小政府），还是看清市场产生的经济差距和矛盾，始终把平等分配放在第一位的政治（大政府）呢？即国家应发挥的作用是实现效率，还是实现公正？

20世纪的现实政治，经历过从小政府到大政府（福利社会、社会民主主义），再向小政府（撒切尔等新自由主义）过渡的时期。这就是重视效率导致社会发生扭曲，为了对此进行改善，进而追求公正导致财政破产，只能再次回到效率社会的历史。难道我们只能像钟摆一样在这两种政治之间来回徘徊吗？答案就只有这两种选项吗？

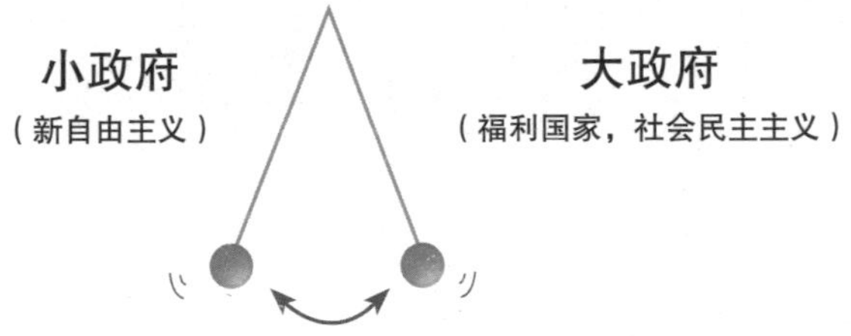

只有两个选择吗？

英国的社会学者安东尼·吉登斯给出了第三个选项——“效率与公正的联盟”，即“第三条道路”。吉登斯认为，现今的最优先课题并不是经济成长，而是完善使多样价值和生活方式成为可能的条件。第三条道路没有放弃实施社会政策，但是这并不意味着政府会像以往那样给予慷慨的保护。第三条道路实施的社会政策是对社会的投资（社会投资国家）。即国家会使每个人都积极生活并赋予他们生活的动机，确保每个人都有发挥潜能的机会，完善人们走向自立和团结的条件。这样第三条道路就能培育出“积极的市民社会”，由此构建政府与市民相互完善、相互监督的合作关系。

吉登斯说，在强调这种社会政策的背景下，社会上会兴起“新个人主义”思想。这种思想并不是市场培育出的利己主义思想，而是通过全球化，将个人从传统和惯习中解放出来从而诞生的个人主义思想。吉登斯主张，有必要通过新个人主义摸索新社会团结模式。因为，如果像以前那样，政府介入上意下达制度或诉诸传统，已经不能保证社会的团结了。因此，第三条道路是寻求让每个人拥有更积极的生活方式的道路。

10 反抗『帝国』的统治

全球化这个词已经盛行很久了。在人、物、资本、信息高速流动跨越国境进行交汇的现代社会中，国民国家之间的霸权斗争形势多少有些衰退，反而国民国家和联合国、IMF、WTO、世界银行、跨国企业、国际NGO团体、巨大媒体等形成多个要素或结点，以网络状的权力覆盖和统治世界。意大利的活动家和哲学家安东尼奥·内格里和美国思想家迈克尔·哈特将这种新型网状权力称为“帝国”。

小知识

安东尼奥·内格里（Antonio Negri，1933—）：意大利活动家、哲学家。因对马克思和斯宾诺莎的研究而广为人知。内格里是工人运动理论的指导者、意大利自主运动的中心人物。

小知识

迈克尔·哈特（Michael Hardt，1960—）：美国哲学家、比较文学家。他师从内格里，之后又与内格里共同执笔了《帝国》《群众》《大同世界》等一系列的著作。

“帝国”的特征是未拥有像旧殖民地统治中的宗主国那样的特权中心（去中心），也不像以前的统治形态那样存在领土问题（去领土）。因此，无论是提出相同“帝国主义”的古罗马帝国还是奥斯曼土耳其帝国，都与近代帝国主义——拥有几个权力中心的国民国家通过统治殖民地各自谋求扩张，拥有不同的统治秩序。

建立全球化秩序的帝国，改变了以国家为单位的政治、经济甚至战争的意义。事实上，在以“9·11”事件为开端的“恐怖与战争”之后，战争这个词的传统意义——主权国家的武力冲突即帝国内的内战和战争本身的意义，正在逐渐改变，并将成为帝国秩序的一部分。帝国通过战争，可以更广泛更深远地笼罩世界。

帝国造成了经济差距，既存社会关系分割以及战争频繁发生的现象，但同时帝国也正是将这些现象作为工具从而创造出统治秩序。但是，内格里和哈特在这样的现代社会中发现了可以作为抵抗帝国的新团结方式的可能性，那就是“群众”。

群众虽然是指人的集体，但与在国民国家框架下形成的人民不同。人民常常存在一种以单一性、同一性为前提的主体形象，而群众则包含了各种差异。另外，群众也与大众（失去差异的均一集体）和阶级（基于排他性区别的旧意义上的劳动者）不同。群众包含着不同文化、人种、民族、性别、性取向、生活方式、世界观、欲望等无法削减的无数差异，但同时，群众也是互相交流、产生超越以往公私差距的“共同体”。群众是共同行动的人们。内格里和哈特认为帝国生成的时机也是对帝国进行抵抗的契机。

09
理论与模式——将日常行为可行化

01 社会秩序何以可能？

为什么社会要维持一定的秩序？最先提出这个问题的是英国哲学家托马斯·霍布斯。他认为若不对民众进行约束，那么大家就会以自己的利益为先展开行动，这样未来可能会导致万人之争。那么，社会为什么要建立秩序呢？

“秩序问题”在社会学、经济学、政治学、心理学等多个领域被讨论。提出秩序问题的社会学者代表是美国的塔尔科特·帕森斯。帕森斯理论的特点是从双重偶然性的观点出发考虑秩序问题。双重偶然性是指两人之间一人的行动取决于对方表现出的行为，另一者同样如此。由于双方的行为都是不确定的，在这种情况下，不确定性是双重的。

小知识

塔尔科特·帕森斯（Talcott Parsons，1902—1979）：美国社会学家。帕森斯提倡一般行动理论、结构功能主义等，他的理论提高了20世纪社会学理论的整体水平。

问题在于理论上，在这种情况下，若彼此都只观察对方表现出的行为，那么双方就永远不会有相互行为的开始。但实际上人们之间每天都会发生相互行为，这究竟是为什么？怎样打破了双重偶然性？

帕森斯的回答是，相互行为的可能性在于进行相互行为的两者之间事先拥有共同价值，即彼此能够预想对方在期待什么。且两者处在共同的社会规则下，拥有共同的价值观（即文化），期待的互助性。因此，帕森斯认为，解决秩序问题的关键在于将价值观和社会规则内化（社会化）。

另一方面，关于双重偶然性的问题，尼克拉斯·鲁曼给出了与帕森斯不同的回答。鲁曼认为相互行为的成立完全不需要两人之间预先拥有共同价值观。正是因为双重偶然性具有不确定性，双方可以通过一点点的“偶然”获得相互行为的开端（秩序来自噪声）。例如，通过眼神，又或者是通过身体的小动作获得相互行为的开端，从而引起连锁行为。鲁曼认为进行相互行为的前提并不是双方意见一致，而是双方达成意见一致的过程中所产生的内容。

小知识

尼克拉斯·鲁曼（Niklas Luhmann，1927—1998）：德国社会学家。鲁曼在批判性继承帕森斯理论的同时，提倡结构功能主义、等价功能主义，他通过体系理论论述了法律、政治、宗教、教育、科学等多方面领域的内容。

02 预言能实现吗？

大家都有这样的经历——入学考试的前一晚彻夜未眠。认为自己可能会因为睡眠不足影响考试发挥，所以决定当天一定早点睡，结果越这样想就越睡不着，最终导致睡眠不足，在入学考试时无法集中精力。这种情况的发生，确实存在睡眠不足影响考试发挥的因素，但如果在考试的前一晚不给自己施加“睡眠不足会影响考试发挥，所以要早点睡”的强烈意识，也许那一晚就会很快入睡了。

如上例，美国的社会学家罗伯特·默顿将通过预言实现预言的机制称为“自证预言”，并做出解释。默顿认为，自证预言是指“人们对事件先入为主的判断（预言也是预测）成为了事件的构成部分，并对之后事件的发展造成影响”。默顿所指的“先入为主的判断”究竟是指什么？想想上述的睡眠不足的例子。“睡眠不足会影响考试发挥”的判断是“睡眠不足会导致考试时无法集中精力”的原因。再思考一下其他的例子，默顿举出的是关于银行破产的例子。突然出现了关于一家经营正常的银行即将破产倒闭的谣言，于是大家都去取存款，结果银行就真的倒闭了。即“可能会倒闭的判断”导致“发生了真的倒闭了的现实”。默顿认为，这种现象是“人类特有的，在自然界不会发生的现象。无论如何预测哈雷彗星的轨迹，其轨迹也不会受到任何影响。但是银行资金不足的流言却会对实际结果造成影响，即自证破产预言”。

先入为主的判断	结果
睡眠不足影响考试发挥	睡眠不足导致考试无法集中精力
可能会破产	破产

自证预言

与自然现象不同，在生活中发生的事情即社会现象很多时候都无法将结果与原因完全区分开。通过丰富的社会经历形成先入为主的判断，而先入为主的判断又反作用于社会现象，有时会导致意料之外的结果的发生。自证预言的启示之一是人们的认知无法完全与实际状况区分开。若是如此，我们应该对自己做出一些好的预言，从而让自己变得更好。

03 人生游戏的攻略法

处在社会中的人们，乍一看好像都随心所欲地活着，但实际上我们不过是在法律、道德、规则等各种各样的制约条件下不断摸索着生活罢了。怎么说才会让对方高兴、怎样宣传才能赚钱等，进行战略性思考的人并不全是商务人士。无论什么事情，若要尽可能让事态按照我们所想的发展，我们首先就必须与他人在一定的约束条件下进行商谈。“存在自己以外的人”这种毋庸置疑的事实，实际上是限制我们随心所欲生活的根本。在各种制约下进行战略性思考的日常经常被喻为国际象棋或将棋等游戏。

匈牙利出生的数学家约翰·冯·诺伊曼正是在下国际象棋的时候，构思了一种“游戏理论”，即用数学表示在日常生活中各种各样的制约条件下，我们应该在何时采取怎样的行动。由于游戏理论可以解析应该采取的最佳战略和最佳决定以及实际的动态状况，如今被应用于多个领域。特别地，用于说明“个人最佳选择并非团体最佳选择”的理论被称为“囚徒困境”。

小知识

约翰·冯·诺伊曼（John von Neumann，1903—1957）：美国数学家。诺伊曼最初进行公理集合论的研究，后继续研究量子力学的数学基础和希尔伯特空间等。在第二次世界大战中，他广泛研究了电子计算机的理论、游戏理论等。

比方说，两名男性共犯者被捕，他们将分别被审讯。审讯员想让犯罪嫌疑人做证，但如果两人均保持沉默，则两人只能从轻判处。如果一名犯罪嫌疑人坦白（背叛另一名犯罪嫌疑人）则被判服刑五年，另一名保持沉默的犯罪嫌疑人则被判服刑十五年。如果两人均坦白（互相背叛）则都被判服刑十年。囚犯 A 担心遭到囚犯 B 的背叛，选择了服刑时间最短的自我坦白方式，囚犯 B 也是如此思考的。只考虑到个人利益的两名男性，在存在“两者均沉默”的最佳选择的情况下，为了减轻自己的服刑时间，选择了互相背叛，最终“两人坦白”均获刑十年。

若按照“囚徒困境”的模式进行思考，好像可以避免人们之间的过度竞争。因为，个人赢得竞赛的最佳状况是只有自己持续竞争而他人保持克制，但世间哪有这么好的事。话虽如此，但若因为反对过度竞争而唯独自己保持克制，那么自己最终也会失败。如果有人将竞争激化看作一个问题，且熟悉游戏理论，那他应该就会明白最佳选择是任何人都在竞争面前保持克制。但现实并不如此。那么，现在你应该做的最佳选择是什么呢？那就是把游戏理论介绍给大家。

04 认识失调理论

读者是否有过这样的经历——好不容易存够钱买到自己心心念念的产品，结果不久后不仅商品降价，商家还推出具有更优性能的同款产品，那时应该会感到很后悔吧？但是，我们在感到后悔之前，是不是有过“新产品容易出问题”“这家店卖得便宜可能是因为产品有瑕疵”等想法，以便让自己更容易接受呢？

如上所述，当“自己的行动”与“周围的现实”不协调时，我们会努力地将“自己的行为”正当化，在同一时刻我们产生了多种（通常是两种）不同的想法，因而产生了一种不甚愉快的感觉，美国的心理学者利昂·费斯廷格将这种感觉命名为“认知失调”。根据费斯廷格所述，当我们陷入认知失调时，为了降低或消除失调感，就会采取无视负面信息，只收集有利信息从而使行为正当化，根据情况做出有利的解释等行动。“不应该是这样的”的想法越强烈，我们就越会故意操作信息，有时甚至会否认难以改变的事实。

小知识

利昂·费斯廷格（Leon Festinger，1919—1989）：美国社会心理学家。费斯廷格与勒温、利彼特、卡特赖特一样，是集体力学的开拓者之一。费斯廷格作为认知失调理论和社会比较理论的提出者而广为人知。

费斯廷格通过“认知失调理论”告诉我们，并不需要在难以改变的事实面前,为了让自己的行动正当化而逞强给别人看。反而是陷入失调感中，顽固地认为自己的行动是正确的人才更加悲哀。他做出的以下实验更能凸显人性的悲哀。费斯廷格的实验内容是，让学生进行十分枯燥单调的工作，并让收到酬金的学生向未收到酬金的学生传达这份工作很有趣的信息。实验的结果是，未收到酬金的学生对枯燥单调的工作的有趣度评价比收到酬金的学生的评价更高。费斯廷格对这个结果做出了如下解释：未收到酬金的学生为了消除没有酬金与被告知有趣性之间的认知失调，即为了给自己所花费的劳动成本赋予意义，将自己的认知修改为“实际上工作确实很有趣”。

费斯廷格根据认知失调的研究结果，做出了如下评价：“如果想要人们真正地改变意见或态度，最好的办法是对其给予奖赏或惩罚，从而能够勉强使人们做出外在形式的承诺。”

读者曾经应该也有过这样的经历——学校的老师或者职场中的上司对自己说“凡事你要主动点才行”。那如果我们变得主动，老师和上司就会满意了吗？如果老师和上司对我们只会听从命令而感到烦躁，即使如他们所说我们变得主动了，恐怕也不会让他们感到满意。

从理论上考虑的话，遵从“变得主动”这条命令是不可能实现的。因为，他人所说的变得主动并不是真正意义上的“主动”。遵从这条命令就已经失去了主动性，但是若不遵从这条命令又会继续处于不主动的状态。即这条命令既禁止服从，也禁止不服从。那究竟是怎样才造成了这种无论怎样也无法变得主动的状态呢？

文化人类学家、精神病理学家、生态学家格雷戈里·贝特森将这种令人陷入两难、充满矛盾的状况称为“双重束缚”。在大多数情况下，我们没有对存在逻辑矛盾的问题一个一个地去仔细思考，而是直接把它们从脑海中滤过了。如果日常生活过得还算安稳，那得多亏了这个滤过作用。

小知识

格雷戈里·贝特森（Gregory Bateson，1904—1980）：美国文化人类学家、精神病理学家、生态学家。贝特森在新几内亚和巴厘岛从事研究，主要研究范围是控制论，他将信息理论的各种概念应用于精神医学领域。

但是，如果持续处在如学校和职场等无法避免双重束缚的情况下，由于学生和员工等无法对这种状况做出合适的应对，此时，学生和员工等就会想办法保护自己，采取如扭曲事实或信息内容，按照字面意思理解信息内容，忽略其内层含义等行动。贝特森认为，在令人产生心理痛苦与纠结的双重束缚下，如此反复进行应对会提高精神分裂症的发病风险。

贝特森认为，强行将“现实”一元化，即剥夺“现实”包含的多面性和各种解释的可能性只会让人类的生命变得更加贫瘠，从这层意义而言，双重束缚具有病理性。但是贝特森并没有主张消除双重束缚。因为，对人类而言，双重束缚也是“现实”拥有多种侧面、多种解释可能性的条件。

因此我们应该考虑的并不是双重束缚本身，而应该是双重束缚这种状况在哪种场合（如家庭、学校、职场等）下发展到什么程度。如果察觉到自己处在双重束缚的状况下，能够做到跨越双重束缚，那这也会成为让自己成长的绝好机会。

06 『理所当然』的事情并不理所当然

A. 在店里买东西要付钱。

B. 必须遵从上司的指示。

C. 破坏了佛像和坟墓必须要赔偿。

D. 别人向你打招呼，你必须得回礼。

E. 不要在电车中引起骚乱。

我们将很多这种日常行为视为“理所当然”的行为，甚至可能从来都没有思考过，就将这些行为视为理所当然。或是说，我们一般不会怀疑眼前的桌子、书本、咖啡杯等是否真的应该放置于这个位置。因为我们认为这些事情是没有必要去怀疑的事实。

社会中充满着这种“理所当然”和没有必要一一思考的“事

实”。实际上，我们不管采取怎样的行为都能顺利地进行日常生活，也多亏于此。但是，反过来说，我们的日常行为、对事物的看法、感受方式等，无论好坏，都会因为我们不会一一怀疑无数“理所当然”和“事实”，而受到大幅度的限制。开创“现象学社会学”的阿尔弗雷德·舒茨和研究此方向的社会学者们以“理所当然”的事物结构为前提，致力于研究在我们生活中的此类行为。现象学是阐明如“桌子存在于我的眼前”等我们“确信”的事实是如何产生的一类哲学。在此基础上，现象学社会学的学者们主张，“现实”对任何人都具有相同的意义，但“现实”并不是客观（与我们的意识无关）存在的事物。即对某个人而言，这件事是“理所应当”的，但对其他人而言，却并不一定如此。或者说，对某个人而言是“正常”的事情，但对其他人而言，却并不一定如此。“现实”是我们每一个人通过与他人相互作用而创造出来的，并且深信它是真实的事物。

小知识

阿尔弗雷德·舒茨（Alfred Schutz，1899—1959）：美国哲学家、社会学者。舒茨对马克斯·韦伯的行为概念进行了批判性研究、精细化，又吸收了胡塞尔的现象学理论，开创了现象学社会学。

在20世纪60年代的美国，现象学社会学的观点最为盛行。那是通过非裔美国人民权运动及学生运动等重新审视社会现状的时代，是社会边缘人反对权威主义和种族歧视的时代。为了迎合当时的风潮，现象学社会学提出了人们的主观意识才创造了“现实”的这种主张，正是这种主张，与当时在社会学界中占优势地位的结构功能主义持相反观点，这也促使其成了意义学派的一部分。

07 人生如戏

美国社会学家欧文·戈夫曼是对社会进行研究的学者，他提出“人生如戏”这种说法。戈夫曼认为，就像舞台演员在戏剧中表演一样，人们在日常生活中也在演戏，一边注意给周围人留下的印象一边表演。从这种观点出发，戈夫曼详细描写了各种各样的实际情况。戈夫曼的这种观点被后来的社会学家们称为“拟剧论”。

根据戈夫曼的理论，我们经常会配合社会扮演我们的角色，如公司职员、父母、教师、患者，管理自己给他人留下的印象（印象管理）。但是戈夫曼并不是想说人们这样做只是为了方便自己。戈夫曼认为，就像维持舞台秩序一样，即为了维持当场的秩序人们才会进行印象管理。参与者在“情境定义”——

“在这种情况下，谁应该扮演怎样的角色”中，扮演着各自的角色，从而组成日常生活。比如，教师在学生面前巧妙地隐瞒自己不清楚的事情。当然，一方面这是为了守住教师自己的体面；另一方面是为了保持“学校课程”这一情境。教师教导学生学习，学生听从教师的指导。“学校课程”是以“教师”“学生”的角色为基础的一个舞台，如果这个舞台被破坏，就会导致班级的崩溃。

但是，人们并不是只会扮演被施加的角色，有时也会故意和角色拉开距离，想要展示出离开角色的另一个自己，戈夫曼将此称为“角色距离”。想想“逃学”这件事就会很容易理解。往往在这种情况下，与其说逃学是为了做点什么，不如说逃学是为了远离“学生”这个角色。

戈夫曼通过拟剧论的观点说明日常生活是由角色演技和角色距离之间的较量而构成的，会因为极其细小的问题而破裂，具有动态性。

正如“人生如戏”这句话所说，拟剧论观点乍看之下也许会理所当然是正确的，但这个观点并不是指“现实作为事实又是如何”，而是将观点转换为“对于人们来说现实是怎样构成的”，这一点在研究人们的交流方式方面发挥了重要作用。

以为自己身处现实世界，但实际上却处于电脑创造的虚拟现实——这是电影《黑客帝国》中的情节设定。在电影中，主人公意识到自己处在虚拟现实中，并且要为现实世界而战，那主人公是如何判断区分虚拟现实与真正现实的呢？判断是否为现实，需要有能够做出判断的客观指标。但是我们如何知道这个客观指标是现实中的事物还是虚拟现实中的事物呢？实际上，我们并不能够确定客观指标是否拥有客观性。所有的判断即主观与客观的区别，不过是我们自身主观认识的结果。但是，现实只是主观性事物，这和我们会不会受到现实的束缚是完全不同的事情。

彼得·路德维希·伯格和托马斯·卢克曼认为，我们的主观性现实认识通过社会相互作用被常识化（正当化）。也就是说，人们通过社会行为，互相确认作为前提的现实认识，并将其理解为所谓的常识。于是，以被常识化的认识为基础的行为，就被当作确凿的客观现实，同时这种行为也会强化人们共有的现实认识（现实社会的构成）。“现实”是指通过社会相互作用将现实认识“制度化”和“惯习化”的结果，这种社会学立场被称为“社会建构主义”。

小知识

彼得·路德维希·伯格（Peter L Berger，1929—2017）：美国社会学家。伯格受到舒茨的影响，研究现象学社会学和理解社会学。他主张“社会现实是意识的一种形态”，从人类主义的角度出发，在知识社会学和宗教社会学领域也留下了成绩。

小知识

托马斯·卢克曼（Thomas Luckmann，1927—）：德国社会学家。卢克曼倡导现象学社会学，主张宗教失去了共同体的可靠性结构且被个人主义化，成为人们的一种爱好。

约翰·基塞斯与马尔科姆·斯佩克特从社会构建主义的立场出发，思考关于社会问题的研究应该是怎样的。他们认为，许多社会学研究将贫困、犯罪、种族歧视等社会现象作为社会病理，即异常的社会现象进行论述。但是，将社会现象区分为“正常、异常”的指标原本就会随着时代与文化的不同而改变，因此并不能将其一概而论。他们主张，社会研究不应该以“问题”为对象，而是应该以控诉“问题”的人类活动为对象（申述不满）。换言之，他们批评社会学家按照随意设定的“正常、异常”指标进行社会研究的方式，主张应该研究成为社会问题的实际状态是如何变成问题的，即社会问题是如何被建构的（社会问题的建构主义）。他们主张将社会研究从专业知识的束缚中解放出来，将目光转向人们的活动经验。

09 日常生活中有一些潜规则

当你向朋友打招呼说“早上好”，朋友却回答“都快到中午了，一点也不早，很早吗”，这种时候，你恐怕会感到不知所措，可能还会觉得自己被当成傻瓜而感到生气。对你而言，“早上好”只是一句打招呼的用语，并不是字面意思上的“早上好”（很早）。在与人交往中，一旦我们普遍都默认的、“理所当然”的规则被打破，大家就会感到很惊讶、很生气。其实不仅是打招呼，日常生活中还有很多未曾发现过的潜规则。

美国的社会学者哈罗德·加芬克尔通过令人意外的回答方式引起对方思维混乱的“破坏性实验”，揭露了日常生活中“理所当然”的规则。

小知识

哈罗德·加芬克尔（Harold Garfinkel，1917—2011）：美国社会学家。加芬克尔受到舒茨的现象学社会学及帕森斯的一般行动理论等影响，提倡科学分析研究人们日常行为意义的本土方法。

加芬克尔做这个破坏性实验是为了回答塔尔科特·帕森斯提出的社会学根本问题——“社会秩序何以可能”。帕森斯本人认为社会秩序是通过内化价值和理念从而建立起来的，但加芬克尔并不这么想。例如，为了建立可以正常进行会话的秩序，掌握正确的语法和遣词用句就可以了吗？当然不行。即使是同一个词，在不同的前后文和说法中，经常会有完全不同的意思。我们知道，根据已有经验，无论使用多么正确的词语，但如果没有前后场景，也无法正常进行会话。而且，社会学者是如何知道建立秩序的价值是否被正确地内化了？

此时加芬克尔并没有像帕森斯那样继续探寻无形的“内化”，而是着眼于肉眼可见的实践经历，借此阐明社会秩序的建立。但是，已经存在的秩序对于观察者而言也是“理所当然”的，这样观察者就会容易忽略这些秩序。于是，加芬克尔进行了破坏性实验。

加芬克尔着眼于自己认为是“理所当然”的秩序，将研究民族（Ethno）的方法（Method），称为“本土方法论”（Ethnomethodology）。他批评到目前为止，社会学一直忽视了“人们为什么可以实现常识性的日常生活”的问题，认为解释构成社会——“在什么情况下应该做出什么行为”的方法论是社会学的任务。本土方法论后来发展成为找出会话规则的“会话分析”，至今仍是社会学的研究方法之一。

10 了解社会的方法

在活动会场或发布会结束之后，人们通常都会被请求填写一份相关的问卷调查，大学也会有教学评价问卷，在街头，也会被路人请求“能否帮忙填写一下调查问卷”。在日常生活中，人们常常因为这样的请求，填写了很多问卷调查。像这样，为了解人们的行动及意识而进行的调查，通常被称为“社会调查”。

对于将社会作为研究对象的社会学而言，社会调查是不可或缺的研究方法之一。但是，在街头回收的问卷调查结果，一般很难作为社会学的研究成果，因为，在社会学的调查中，进行分析可能需要明确地知道是“谁回答的”（标本），“回答者属于拥有哪种趋势的群体”（母群体）。然而在街头问卷中，即使知道前者，也很难知道后者。例如，国情调查将母群体（国民）的所有人都作为调查对象（全数调查），在这种调查中，因为样本就是整个母群体，可以说满足社会学调查的重要条件。但是，因为大部分调查并不是全数调查，为了明确母群体所拥有的趋势，需要根据调查内容从母群体中随机抽选调查对象（随机抽选），通过统计确认他们的回答概率有多大程度的准确性（鉴定）。因此，如果无法确定母群体，即使得到了问卷结果，也无法确定这些回答代表着什么，这样的调查结果无法作为社会学的研究成果。

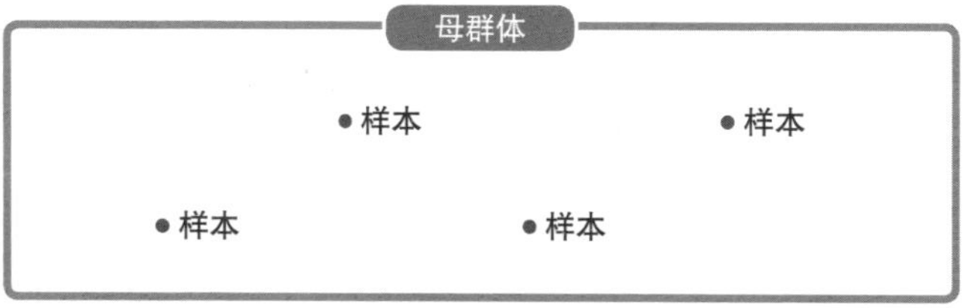

必须明确母群体、样本

另外，社会调查方法不仅包含基于数据统计的“定量调查”方法，还有采访调查对象、实际参与特定群体进行调查的方法（参与观察）。相对于从大量数据中把握母群体所拥有的趋势的定量调查方法而言，这些方法因为可以详细了解个别事例的情况，被称为“定性调查”。定性调查与定量调查相比，由于定性调查并没有确定分析方法，有时会受到批评，但与定量调查不同的是，定性调查也有能够收集到预先设定项目以外的数据的优点。除此之外，定性调查还有另外一个优点，即在调查过程中容易发现调查者在假设中没有设想到的可能性。

但是，在进行定量调查与定性调查时，根据调查者的设问方法和询问方法的不同，结果可能会被诱导，也有可能会侵犯调查对象的隐私，导致调查对象的立场改变。因此，要求调查者必须进行诚实、充分的考虑，即讲究“调查逻辑”。

10

理论与模式二——将日常行为可行化

我们每天所经历的事情其实只属于社会中极小的一部分。即使生活上积累的经验比其他人多，也仍是如此。对复杂多样的社会而言，我们的一生过于短暂。假使能够经历整个社会的变迁，我们也会因不同的人而产生不同的情感，例如，喜欢、讨厌这两种情感。社会形象是由经历者本人的感受方式（价值评价）所决定的。

在此基础上，马克斯·韦伯倡导用于分析、理解复杂多样的社会的“理念型方法论”。他认为学问应该具备客观性，即无论谁看了都会觉得“原来如此”。但是，由于研究学问的是人类，所以无论研究者多么缜密地进行研究，他们的主观意识也还是会掺杂进去。

人无法永生，也无法取代他人，这是无可奈何的事情。研究学问的人要尽量有意识地注意自己的价值观。正因为谁也无法在价值观上做到中立，所以研究者必须要扪心自问自己拥有怎样的价值观。韦伯将研究者应该拥有的伦理（态度）称为“价值自由”。

韦伯倡导的理念型方法论以上述思考为前提，提出理念型不是临摹脱离研究者价值判断的对象本身，也不是立足于各种事物而表现出相似部分的类型，理念型是在复杂多样的社会或历史现实中，研究者以自己的价值观为前提选择不存在逻辑矛盾的要素形成的一种模式，而这种模式实际上是人们无法亲身经历的逻辑产物。韦伯认为，将理念型（逻辑构成产物）与现实进行对照，可以明确发现曾经看不见的现实问题。

理念型可以分为直接与历史相关的理念型和与历史不相关的理念型。在与历史相关的理念型中，存在发生过的历史现象和价值理念，如“近代资本主义”“中世纪城市经济”“加尔文主义”等。因为上述都强调个体性，所以这种理念型被称为“个体化概念”的理念型。与此相对，为了引导事件的纯粹型，将发现的构成事物称为“普遍化概念”的理念型。例如，从“目的合理的行为”“价值合理的行为”“情感行为”“传统行为”中发现行为的纯粹型，以及将统治形态模式化的“法理型统治”“传统型统治”“魅力型统治”等。

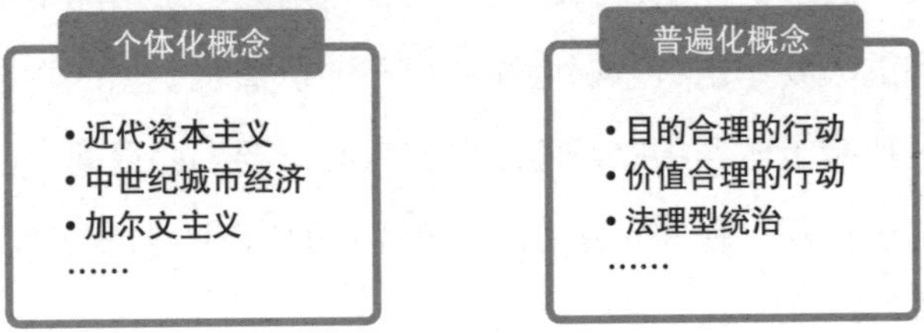

韦伯的理念型

02 不存在没有意义的行为

“行动”与“行为”是两个不同的概念，在日常生活中，我们一般不对这两者进行区分。但是，试图理解人类行为意义的社会学对两者进行了特别区分。在这里，以社会学家韦伯的区分方法为例进行说明。

首先是行动。行动是指从表面上看，人类在做事情时的全部动作，说话、唱歌、走路、跑步、睡觉，这些都是行动。有趣的是，行动中也包含人类的生理性反应，如打喷嚏、打呼噜和小拇指撞到衣柜的角上，不由自主地发出“啊！”的喊叫，这些也是行动。

与此相对，行为是指带有明确意图所做出的动作。因此准确地说，除了说话、唱歌等不经意间的自言自语、哼唱外，只要是具有表达意思和表现能力的动作，就都属于行为的范畴。另外，某些动作表面看上去好像什么也没做，但其实内藏深意，如带有目的性的沉默，这也是很典型的行为，即无为也是行为。

但是，韦伯更重视建立在与他人关系上的具有联系意义的行为，并称为“社会行为”。社会行为又被分为四类：目的合理的行为、价值合理的行为、情感行为、传统行为。

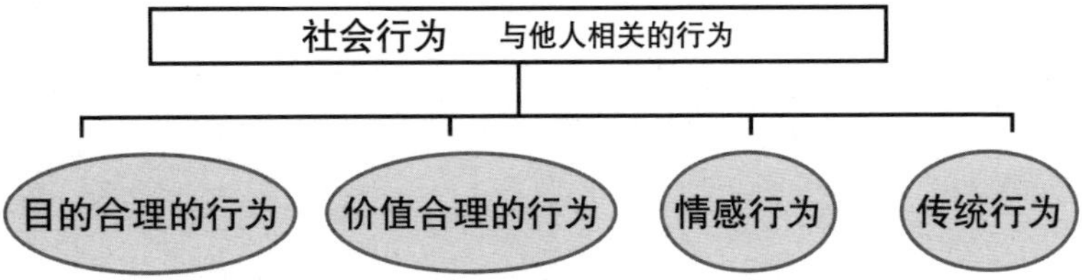

韦伯所说的社会行为

目的合理的行为是指按照目的进行的合理行为。例如，为了工资而工作，就是以获得工资为目的，且工作是合理的，这就是目的合理的行为。但是，在本应是目的合理的行为的工作中，如果你对客户敷衍了事，交易化为泡影，那么这就是对目的不合理的情感表现，行为就会突然转变为第三种社会行为——情感行为。

对第二种类型——价值合理的行为进行定义也许会稍微有些难度。这种类型并不是指为了某种目的，而是更偏向于行为本身具有价值。具体例子的话，应该很容易就想到宗教行为。但是当社会行为变成了单纯的日常工作，而不再是意识到行为价值而进行时，就变成了第四种类型的社会行为，即传统行为。

当然，现实的社会行为并不一定完全符合这四种类型的划分，但至少这四种类型的分类能够帮助我们在一定程度上理解我们的日常行为。韦伯本人将拥有这种效果的模式称为理念型，这种模式也可以说是帮助理解社会的典型社会学知识。

03 一种独特的存在

心理学以个人心理为研究对象，经济学以商品的生产与消费为研究对象，政治学和法学的研究对象也很明显，所以我们完全没有必要去烦恼这些学科的研究对象是什么。唯一需要多加思考的是社会学，社会学的研究范围可以说是整个社会。这样理解的话，社会学就是政治学、经济学、心理学的集合。那么社会学是否拥有独立的研究对象呢？又或者说，“社会学”说明的到底是什么问题呢？

19 世纪末到 20 世纪初是社会学学科建立的初期，在此期间，特别执着于上述问题的社会学者是埃米尔·涂尔干。他认为社会学的研究对象是“社会事实”，而不是个人意图和个人心理。社会事实是集体拥有的独立于个人意图和个人心理之外的信念、惯行、行为趋势及方式（集体意识）的社会（集体）现象。例如，宗教、法律、语言、人口配置、交通路线等。这些事物与其说是由个人建立，倒不如说是存在于个人外部，赋予个人意识方向的“一种独特的实际存在”，是社会学的研究对象。

社会学的研究范围

以社会事实的概念为中心，涂尔干将独立于个人意识之外，并且不具规则性的事物作为观察社会的学科，并由此突出社会学的特征，即社会主义。

涂尔干的社会学研究风格也给后来的人类学和社会学产生了决定性的影响。马塞尔·莫斯的赠予论、克劳德·列维－施特劳斯的结构人类学、莫里斯·哈布瓦赫的集体记忆、塔尔科特·帕森斯的世界体系理论等，无论哪一个理论都是以独立于个人之外的社会事实为基础而展开的。同时，这些理论，通常都会受到以下批判——人的意识和行动不是由社会结构决定的吗？这样是不是轻视了人类的主体性？但是，正如涂尔干所述，通过清楚地了解和约束每个人的“一种独特的实际存在”及其性质，反过来我们才能得到改善它们的契机。

迄今为止，社会学在经历了从价值观到社会实践的诸多变化之后，逐渐走向了现代化。因此，社会学的根本也可以说是“现代化的研究”。在塔尔科特·帕森斯之后，引领社会学研究的社会学家之一安东尼·吉登斯也认为，分析现在与过去并不存在类似事物的差异才是社会学应该研究的课题。

另外，吉登斯认为社会学本来就是对人们对社会做出的解释（实践社会学）进行再解释的一种尝试，即“双重解释学”。吉登斯的这种想法，与涂尔干在《社会学方法的规则》中提出的社会学是一种“将社会物化”的理论体系的经验科学，不应该受到社会构成成员的主观信念和意图影响的主张相反。吉登斯在《社会学方法的新规则》中写到，社会构成成员的主观信念和意图的一部分是社会再生产、社会发生变化的重要契机，因此社会学不能忽视社会构成成员的主观信念和意图。

小知识

《社会学方法的新规则》是吉登斯于1976年发行的著作。在社会科学的研究中，吉登斯明确了“双重解释学”的意义，提出了与之相关的“递归性”和“结构化”理论框架的概念轮廓。《社会学方法的新规则》正是通过与错综复杂的思想潮流的建设性对话获得的成果。

吉登斯说，实践社会学与我们日常生活中的相互行为息息相关。因此，我们在没有意识到这些知识的情况下，也能够将日常生活作为资源加以活用。例如，我们在通过对话进行沟通的时候，并没有意识到语法规则，但对话过程中很明显使用了语法规则，才能使会话成立。我们在无意识中使用到关于社会规则及语法规则等诸多规则的知识，从而将日常生活（主体行为）可能化，同时通过日常生活，社会规则及语法规则等诸多规则（结构）作为意想不到的结果而稳定地重新生产，吉登斯认为这个过程才是社会学应该致力于研究的课题。他将研究这种过程的理论称为“结构化理论”。

吉登斯在结构化理论中特别强调的是，“主体行为”被具有实质性秩序的结构约束，同时，其结构也会通过日常实践中产生的“监控”（反省的契机），发生改变。主体行为具有结构化能动性。这些对于同时说明社会秩序和变动的吉登斯而言，具有决定性的重要意义。因为从既是“主体行为”的“前提”

同时也是“结果”的意义层面上出发，吉登斯的关于“结构双重性”的观点再次提示，我们不是单单被结构束缚的存在，我们也是形成历史的主体。

05 在社会学中能看见社会吗？

整体社会具有怎样的结构？社会中存在政治、经济、法律、宗教等事物，但是，这些事物之间的关系是怎样的？

注重研究整个社会结构的社会学家代表是美国的塔尔科特·帕森斯，首先，他对社会“结构”做出假设，然后从各种社会现象对社会结构的形成发挥了怎样的作用出发，对社会进行分析（结构功能主义）。在这个理论中，存在以下问题——如何维持整体社会的平衡？维持社会平衡的条件是什么？

帕森斯活跃的时代是一个社会越来越富裕的时代，同时也是一个逐渐扭曲，道德和价值观（无论善恶）发生巨大改变的时代。在这个时代中，帕森斯的结构功能主义从以下观点出发理解社会：社会中相对难以改变的是什么？不可以改变的是什么？社会没有解体得以存续的必要条件是什么？在什么条件下社会会发生改变？

但是，也有人批判研究整个社会结构的帕森斯理论体系过于抽象，无法看见社会的实际面貌。因此，罗伯特·默顿倡导将结构功能主义等综合性理论与具体的调查研究进行结合的“中程理论”。它包含多个不宽泛也不狭隘的中等级别的理论和不抽象但实用的理论。但是，默顿说如果中程理论的各个理论仍是七零八落的，还是无法从中看到社会的实际面貌。即只要中程理论着眼于统合更加一般的理论和课题，并且以整体社会为研究对象，那么就可以期待该理论拥有真正优秀的认识（研究成果）。

06 社会存续的条件

形成社会的必要条件是什么？维持社会的决定性事物是什么？如果要求必须举出一例的话，什么条件是最重要的？这个时候，可能会有人回答，经济肯定是最重要的。但是仔细想想，政治好像与经济同等重要。又或者有人回答，文化才是最重要的。

那么，社会得以存续的重要条件只有一个吗？还是说同时需要好几个条件？这些条件分别都是什么呢？

美国的社会学者塔尔科特·帕森斯主张社会存续必须满足四个条件，即社会体系由四个子系统构成，每个子系统都承担着维持社会系统所必需的功能。他用“AGIL 图式”（取自每个功能的首字母）表示这四个子系统。A 是指对社会体系外部环境的“适应”（Adaptation）。例如，最大限度利用从自然环境获得的资源，即经济。G 是指“目标达成”（Goal Gratification），为了完成对社会而言必要的事情，获取人们的财富和忠诚，即政治。I 是指社会的“统一”(Integration)，即防止个人越轨的社会控制。L 是指“潜在模式维持”（Latent Pattern-Maintenance），即让上述条件成为可能，并赋予其文化、价值。帕森斯认为，这四个子系统相互联系同时各自发挥功能，缺少任何一个子系统都无法维持社会的存续。

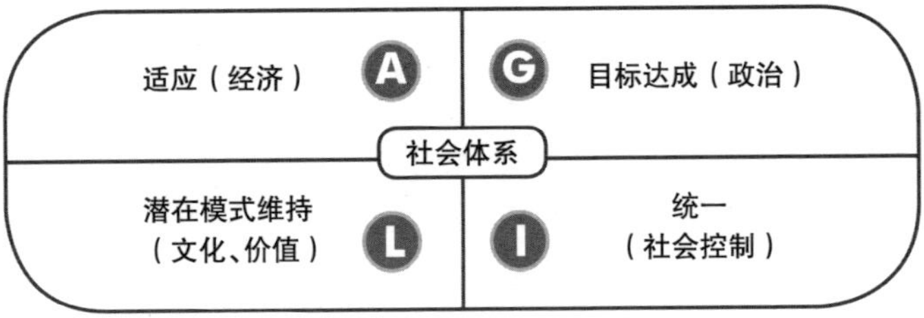

AGIL 图式

而且，AGIL 的各个系统并不是单纯的并列关系。帕森斯将 AGIL 的各个系统之间的关系描述为控制和被控制。由信息量多的系统（文化）转向信息量少的系统（经济），即 L → I → G → A 为控制关系，反过来从 A → G → I → L 则为被控制的关系（信息控制等级）。

根据这种观点，帕森斯认为经济、物质等条件，或者政治决策对社会形态有很大的影响。同时也表明，与前者并不冲突的是，文化和价值对于社会而言也极其重要。这是他对 20 世纪美国社会由于社会大变动而导致社会道德面临“危机”的答案。

07 无中心的世界

近代社会与原始社会以及中世纪社会都不相同，那么，不同之处具体在哪里呢？也许是科学技术发展的程度，又或者说是经济、物质的丰富程度。确实，近代社会与近代以前的社会相比，科技高度发达、物质资源丰富。但是，这些是近代化发展的结果，而不是将近代社会与近代以前的社会进行根本区别的指标。那么，什么才是近代社会与近代以前的社会的根本区别呢？

德国的社会学者尼克拉斯·卢曼认为近代社会与近代以前的社会的根本区别在于近代社会不存在“中心”与“顶点”（王侯贵族是社会的顶点，神是世界的中心）。当然，现在也存在王侯贵族和宗教，但是，这些已经不像过去那样位于社会金字塔的顶端和世界的中心。近代社会并不是金字塔社会，或者说，也不是拥有中心的圆形社会。近代社会的分化（功能分化）为政治、法律、宗教、教育、科学等领域（功能系统）。

卢曼认为，政治、法律、宗教、教育、科学等各个功能系统按照各自的规律各自发挥特殊功能（自我指涉系统）。即政治有政治的规律、法律有法律的规律、宗教有宗教的规律，这些系统彼此之间无法相互取代。因此，不可能出现某种功能系统囊括其他功能系统的情况，即中心与顶点都不会存在。

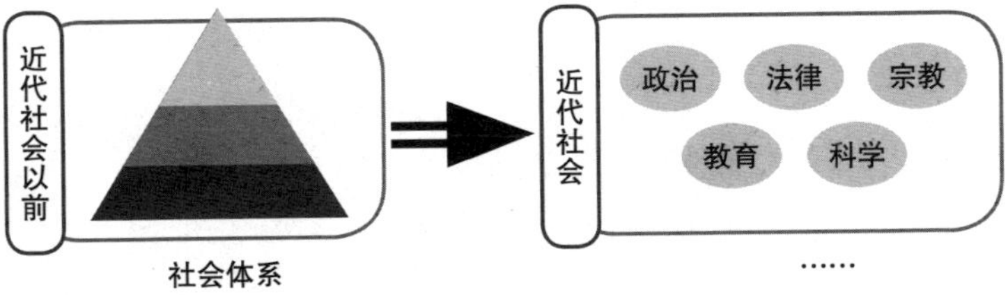

社会的分化

近代社会的功能分化特征，从根本上规定了近代社会发生的各种事态。

例如，近代社会科学技术的发展和经济的富裕等都是在功能系统获得了更大的自由、生产力提高的背景下发生的。或者说，对于由此产生的问题（如环保问题），各功能系统也以各自的方式进行处理。功能分化和与之相伴的社会复杂化，甚至影响着我们的日常交流和身份认同的方式。

08 重新审视启蒙

自古以来就存在一个问题："人应该怎样做才能更好地生活下去？"对这个问题，传统的回答是"接近真理"。使人们接近真理的行为被称为启蒙，即不因迷信、误解和无知而行动，而要理解世界的规律和法则，合理地做出判断。在这种理性的启蒙活动中，"真理是唯一的"，即使是现在还不明白的事情，在将来总有一天会被理性认识阐明，从而让全体人类更加接近完美的真理。

但是，德国的社会学者尼克拉斯·鲁曼对这样的传统理性启蒙提出了异议。他提议"社会学启蒙"应该取代以往的启蒙。因为，传统启蒙运动的前提是"真理是唯一的"，这种前提在当今社会无法成立。随着近代社会的发展，社会越发复杂，说明事物的方法和交流的思路也越发多种多样，而传统启蒙所推崇的“唯一真理”，很明显只能存在于某种特定的情境中。总之，以往的启蒙不再像曾经那样具有说服力（正统性）。社会学启蒙在当前的社会背景下，自觉限定社会情境，根据情境阐述真理。即社会学的启蒙是在某种条件下阐述真理——如果 ×× 的话，则是○○。

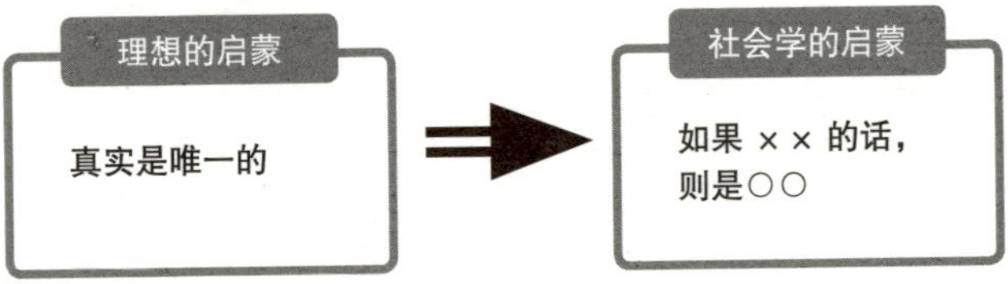

启蒙是什么

社会学启蒙不同于传统启蒙——通过理性认识逐渐阐明单一的真理和整个社会。社会学启蒙认为真实并不是唯一的，也不想理解整个世界、接近完美的真理。那么，社会学启蒙是不是只提出了一定条件下的几个真理呢?

并非如此。社会学启蒙的言论其实也是在某种条件下，通过揭示有限的真理，由此可以接近包括社会学启蒙在内的社会整体面貌（整体性）。因为，社会学启蒙并不是发现客观存在的真理和法则的工作积累，而是根据自我意志找出问题，反复记述社会的工作积累。

“重视效率，杜绝无效”这样的要求在学校、公司甚至在家里应该经常听到。马克斯·韦伯认为近代社会最突出的特征就是追求合理性，即使是在近代后期也就是现代，仍没有停止对合理性的追求。本来，合理性这个词的意思就是字面意思——“合乎道理”“合乎道德规范”，但如今这个词仅用来强调杜绝无效的计划性、根据计算得出的可能性等，这是为什么呢？

德国社会学者尤尔根·哈伯玛斯对于这个问题，给出了以下回答：因为比起传统和习惯，我们更加重视基于科学技术的根据而做出的选择，轻视了说话者与倾听者之间面对面相互了解的活动（相互行为）。与此同时，不知不觉间我们就将自己作为单独的行为者进行考虑，通过权力和货币等力量给他人的决定造成影响，处心积虑地操控事物只为方便自己。

小知识

尤尔根·哈伯玛斯（Jurgen Habermas，1929—）：德国哲学家、社会学者，法兰克福学派第二代的代表人物。他批判性地跨越了霍克海默和阿多诺等第一代人的近代批判理论，摸索了日常交流所具有的合理性的可能性，革新了批判理论。

因此，哈伯玛斯将通过权力与货币等力量给他人的决定造成影响的行为称为“战略行为”，将与此相对，通过语言交流向对方传达自己的想法和意思，寻求理解和认同的行为称为“沟通行为”，并对两者做出区分。

作为韦伯和哈伯玛斯的老师——狄奥多·阿多诺，将人们以自我为中心的倾向视为近代社会的宿命、人类理性的顽疾，但是哈伯玛斯通过在沟通行为中发现“合理”意义上的合理性，从而排除了韦伯和阿多诺的悲观主义，提示我们再次迈向相互关系的道路。

哈伯玛斯认为人们应该是与他人进行相互行为的共同行动者，而不是单独行动者。由此看来，韦伯和阿多诺看到的悲观近代史实际上是扭曲了的沟通历史，因此，构建沟通健全化、沟通行为不会受到阻碍的社会是社会学最重要的课题。该研究态度积极支持“真理共识”思想[①]，而真理共识的思想理念正好与“不存在真理”“什么都可以做”的后现代思想理念相反。

①哈伯玛斯的真理共识理论。

10 货币与权力的时代

“有钱能使鬼推磨”这句俗语大家都听过，即便金钱买不到爱情，但仅靠爱情在现实中也根本无法生存下去。

我们的社会现在已经完全被经济包围，对此，我们却还是感受不到幸福，因为以前经济是社会的一部分。随着“经济只不过是社会的一部分”的经济理论覆盖整个社会，长期支撑着社会生活秩序的各种规范逐渐被挖掘出来。这种现象，让拜金主义显得更加卑劣。

德国社会学者尤尔根·哈伯玛斯用“生活世界被体系殖民化”的说法表现上述现象。这是怎么回事？哈伯玛斯认为社会可以通过多种方式维持秩序。例如，在神和传统作为解释全世界终极依据的阶段，教义和哲学维持社会秩序、保证社会一体性。然而，近代科学成立后，终极依据无法再解释和说明一切事物，社会就会通过主张具有行为正当性的对话实践调整社会秩序（生活世界的合理化），即需要达成意见一致。但是，如果全社会的相互行为都只能通过对话被正当化，维持秩序的成本就太高了。例如，每次购物都需要进行价格交涉的话，日常生活就会出现障碍。因此，从语言介入的相互行为领域（生活世界）中就分化出了先获得信用和正当性，货币和权力等非语言媒体介入的相互行为领域（体系）。即市场经济和国家的诞生。然而，当体系诞生，体系提供的作用关系成为社会生活的基础后，作用关系将代替至今为止的人格关系。人们掌握了社会规范（社会化）的生活世界，就会逐渐失去其再生产能力，也无法再通过生活世界的社会规范维持社会秩序（社会统一）。换言之，人们会变得越来越依存于货币及权力的调整能力（体系统一）。生活世界被体系殖民化就是指上述情况。

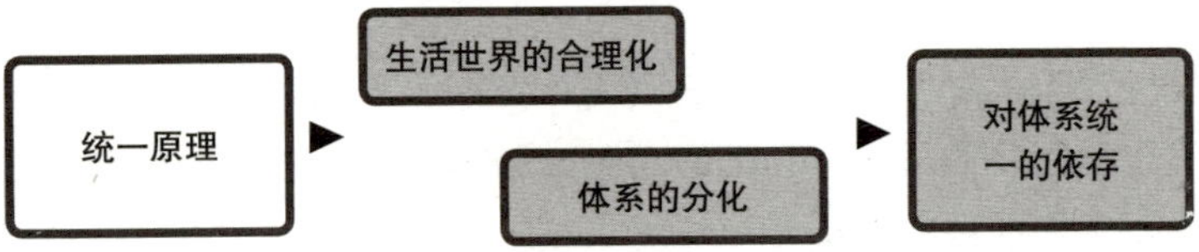

被体系殖民的生活世界是怎样的

虽然有人说，网络等信息系统恢复对话实践的时代已经到来，其实应该说是可以用金钱买到匿名交谈机会的时代已经到来了。

后记

本书每节使用简短的两三页篇幅，对社会学中的重要关键词进行一一说明。在两三页的有限篇幅中，想要把一个关键词完全解释清楚，就必须用到社会学中的专业术语。但是这样的表达，对初学者来说并没有多大帮助。如果把此书写成长篇阔论，读者在读懂每个关键词的时候，需要花费相当多的时间，最终读者可能会产生一种误解——“这本书非常晦涩难懂”。于是，经过深思熟虑，笔者决定去掉烦琐的辞藻，紧抓主干部分进行概述。

那么，社会学建立这么多年，究竟积累了哪些研究呢？为了回答这个问题，我们从古典社会学到近年社会学的研究中，选出了十个主题，近百个关键词。因此，本书也可以作为简单的社会学辞书使用。不过，与在国语辞典中的查询“词语”不同，社会学的“概念”并不是一个个独立的概念，社会学与其他概念有着复杂的关系，所以请不要只关注一个关键词。

社会学和其他学问一样，是需要经历从过去到未来，将原野慢慢扩展成森林的一个过程。如果只满足于主干轮廓，而不去关注细枝末节，即“只见树木不见森林”，那么只会离社会学的精髓越来越远。

要想真正理解社会学，就必须看得广泛一点。这里的“广泛”并不是要求大家对社会学了如指掌，而是广泛地学习其他学问，并能熟练地运用到社会学的学习过程中。“真正理解”社会学宗旨，社会学是为了了解“社会”这个模糊的概念而采取的各种各样的研究。总之，不看“社会”，只看“社会学”是绝对不行的。从这个意义上来说，本书中列举的每一个关键词都必须靠我们自己去面对时代的考验。这些关键词能够在多大程度上说明我们生活的社会呢？不能说明的部分是什么呢？

社会学不仅是知识的集大成，还存在于我们每个人面对社会的实践中。本书作为发现“社会”的小向导，带领读者一步步深入社会学中。

2010 年 4 月

堀内进之介

索　引

H

J

K

L

M

N

O

P

Q

R

S

T

W

X

Y

Z